“与幸福对话——高要市践行社会主义核心价值体系”调查与研究课题组成员名单

组　长：鲍昌宝　吴志东

副组长：孟建安　李振杰

成　员：

教师组（按姓氏笔画排序）

王　敏　卢永和　李振杰　杨红军　肖　娜　吴志东　何耀明

张　惠　陈伟江　孟建安　倪海燕　郭　毅　康　庄　赖翅萍

鲍昌宝

学生组（按姓氏笔画排序）

王春兰　邓守彬　石　慧　叶焕娴　叶姗姗　丘　丹　邝健睿

伍少玲　庄英绚　刘淑芬　许冬玲　苏洁莹　苏静雯　李建森

李瑞妍　杨盛彬　肖　芳　吴　跃　何飞杏　何敏玲　张妙芹

张荣杰　张苑卉　陆小玲　陈丽燕　陈美芳　陈锐珊　陈月敏

林明耀　罗凯欣　罗丽琴　罗美韵　罗兆鹏　冼嘉裕　郑育梅

赵　桐　钟玉平　侯玉婷　祝潋清　骆燕贞　骆志伟　莫小丽

黄赟莹　黄　唤　黄洁芬　黄铿闻　黄晓琳　黄迎君　黄月婷

梁有娣　蒋春苑　曾燕珊　温楚欣　谢丽丽　蓝芷玲　蔡妙莹

蔡小青　廖启鑫　熊家泷　黎文山

鲍昌宝　吴志东　主　编

与幸福对话

高要市践行社会主义核心价值体系调查报告

暨南大学出版社
JINAN UNIVERSITY PRESS

中国·广州

图书在版编目（CIP）数据

与幸福对话：高要市践行社会主义核心价值体系调查报告/ 鲍昌宝，吴志东主编．—广州：暨南大学出版社，2012. 12
ISBN 978-7-5668-0369-6

Ⅰ．①与…　Ⅱ．①鲍…②吴…　Ⅲ．①社会主义精神文明建设—调查报告—高要市　Ⅳ．①D648

中国版本图书馆 CIP 数据核字（2012）第 244085 号

……………………………………………………………………………………

与幸福对话：高要市践行社会主义核心价值体系调查报告
主　　编：鲍昌宝　吴志东

出 版 人：徐义雄
策 划 人：杜小陆
责任编辑：杜小陆　秦　妙
责任校对：黄　斯

地　　址：中国广州暨南大学
电　　话：总编室（8620）85221601
营销部（8620）85225284　85228291　85228292（邮购）
传　　真：（8620）85221583（办公室）　85223774（营销部）
邮　　编：510630
网　　址：http：//www. jnupress. com　http：//press. jnu. edu. cn
排　　版：广州市广海照排设计中心
印　　刷：广州怡升印刷有限公司
开　　本：787mm×960mm　1/16
印　　张：11
字　　数：190 千
版　　次：2012 年 12 月第 1 版
印　　次：2012 年 12 月第 1 次
定　　价：28.00 元

一分收获，百倍努力（代序）

中共高要市委常委、宣传部长　吴志东

在自然村开展践行社会主义核心价值体系活动，是否曲高和寡？我当时是这样考虑的：

第一，中共中央自十六大以来，一直主张并推动社会主义核心价值体系，说明我们这个民族要实现伟大复兴，仅靠30多年的改革开放、物质积累是远远不够的，精神空虚、信仰危机才是最能动摇执政党根基的因素。先哲们常说：人是要有一点精神追求的。那么，当下人们心目中的核心价值观的题中之意应是什么？党的十六届六中全会明确回答了这一科学命题，概括为4个方面的基本内容，即马克思主义指导思想、中国特色社会主义共同理想、以爱国主义为核心的民族精神和以改革创新为核心的时代精神、以“八荣八耻”为主要内容的社会主义荣辱观。其中，马克思主义指导思想是社会主义核心价值体系的灵魂，中国特色社会主义共同理想是社会主义核心价值体系的主题，以爱国主义为核心的民族精神和以改革创新为核心的时代精神是社会主义核心价值体系的精髓，以“八荣八耻”为主要内容的社会主义荣辱观是社会主义核心价值体系的基础。这4个方面的基本内容相互联系、相互贯通，共同构成辩证统一的有机整体，深刻揭示出社会主义核心价值体系的内涵，共同构成了社会主义意识形态的主体内容。

2012年6月12日至27日，《人民日报》就“我们时代需要怎样的价值”相继刊发了5篇评论文章，对“精致的利己主义”、“狭隘的极端主义”、“庸俗的消费主义”、“诡辩的相对主义”以及“不加分析的怀疑主义”5种所谓“价值”进行了鞭辟入里的分析和痛快淋漓的挞伐。这5种价值并不是我们时代需要的。在这个社会转型期，“最美”与“最牛”并存，“最好”与“最坏”交织，这是一种正常现象，关键在于我们要明确自己的价值取向，守护自己的价值底线。无数事实证明，中华民族传统美德、社会主义时代品格仍然是社会道德的主流。经济越发展，社会越变革，就越要在全社会旗帜鲜明地宣传和倡导社会主义核心价值观，为中国特色社会主义事业提供强大的思想道德支撑。

第二，高要既是一个有着两千一百多年历史的岭南古郡，又是一个年轻的珠三角城市，具有中国县域科学发展的代表性。近年来，高要在大力推进经济社会发展的同时，加快推进城乡文明建设，加强公民道德建设和科技文化教育，人民群众的素质不断得到提升。但随着社会的深刻变革、经济的快速发展、文化的相互激荡，人们的思想道德观念受到了一些负面影响，一些新情况、新问题亟待解决。为了深入地了解社会各阶层的价值观现状，探索践行社会主义核心价值体系的有效途径，我们联合肇庆学院文学院，组织开展了“与幸福对话——高要市践行社会主义核心价值体系”大型社会调查活动。针对调查的实况，我们进行了科学的统计分析，并形成客观翔实的调查报告。依据调查结论，当前高要在践行社会主义核心价值理念上，存在的最大难题是社会主义核心价值体系大众化程度不高、实效性与长效性亟待加强。

为此，我们在综合考察当下国情与高要市情、民情的基础上，策划并开展一场覆盖高要各阶层的“高要乡村文明行动”，旨在通过思想道德建设、村风民俗建设、生活方式建设、文化惠民建设、和谐村庄建设等群众性活动的创建，立体化推进社会主义核心价值体系建设。它包括“七个一”群众性活动：一是提炼一套贴近高要实际的社会主义核心价值体系的“个性话语”，二是编写一本《社会主义核心价值体系高要通俗读本》，三是组织一百场“与幸福对话——社会主义核心价值观百人讲堂”专题报告会，四是录制播放一系列微电影，五是打造一个传播社会主义核心价值体系、繁荣城乡文化的大舞台，六是每年开展一次践行社会主义核心价值体系的年度先进人物评选活动，七是创建一个反映高要市社会主义核心价值体系建设的门户网站。同时，通过开展“乡村文明行动”，引导广大群众围绕“孝与廉、礼与让、乐与进”等重点，提炼出高要传统文化与时代精神相融合的价值理念，增强全体市民对社会主义核心价值体系的认同感、归属感，用社会主义核心价值体系鼓舞斗志、引领风尚、凝聚力量、提升素质，用社会主义核心价值体系构筑起共同的精神家园。

建设社会主义核心价值体系贵在坚持、重在落实。经过一年多的筹备，2012年7月6日，我们选择在雄才故里——白土坑尾村举行“高要乡村文明行动”启动仪式。广东省和肇庆市宣传部领导的到场指导，给我们以信心和力量。我们知道，意识形态工作、行为规范养成是难以量化的“业绩”，任重道远，不会一蹴而就，但只要我们抱定青山不放松，总能等到山花烂漫时。是为序。

2012年10月

目　录

一分收获，百倍努力（代序） / 001

社会主义核心价值体系要点诠释 / 001

关于构建社会主义核心价值体系的几个问题 / 013

高要市经济社会发展情况 / 020

“与幸福对话 ——高要市践行社会主义核心价值体系”调查报告 /024

“与幸福对话——高要市践行社会主义核心价值体系”调查问卷基本数据统计 / 045

“与幸福对话——高要市践行社会主义核心价值体系”调查问卷 /055

“与幸福对话——高要市践行社会主义核心价值体系”调研手记 /062

先进个人篇

1. 八月，悄悄诉说一个天使的故事

——记新桥中心卫生院副院长伍有为同志 / 062

2. 一个村委书记的“铁人”传奇
——记心系群众的模范村委书记陆桂清同志 / 065
3. 一位普通老板的诗意人生
——记金渡镇天然居饮食天地餐馆老板钟焕雄 / 068
4. 追寻一位有识者的足迹
——记高要市金渡镇本土企业家李炳洪先生 / 072

先进集体篇

1. 动其情深于父母，晓以理细如雨丝
——记高要新桥中学的德育教学理念 / 077
2. 幸福满新村
——活道镇迳心村委会洞尾村小记 / 082
3. 山乡情韵
——记河台镇的村官们 / 085
4. 默默奉献，无私付出
——高要市南岸镇妇联小记 / 090
5. 用心去沟通，用爱去关怀
——南岸街道社区服务中心小记 / 092

风俗民情篇

1. 盛大的节日
——河台镇开耕节调查手记 / 096
2. 山乡有约
——河台镇开耕节小记 /099
3. 村落散记
——走进高要市河台镇罗仁村 / 103
4. 我平淡，我幸福
——蚬岗镇调查小记 / 107
5. 游子的幸福，我们来守候
——走访蚬岗镇留守老少之行 / 112

6. 在杨树容家的谈话

——金一村采访手记 / 117

农村基层民主选举制度思考

——河台镇基层民主选举调查手记 / 121

新型农村的基层教育牵挂

——河台镇教育调查小记 / 126

浅谈农村医疗现状

——高要市河台镇关于践行社会主义核心价值体系调研下乡记事 / 129

那人，那事

——高要市禄步镇调查手记 / 133

与幸福对话

——关于高要市社会主义核心价值体系调研活动的调查报告 /139

双赢的智慧

——高要市南岸城镇化与教育均衡发展 / 145

外来工社区化管理模式的应用

——以金一村外来工社区为例 / 150

后　记 / 155

社会主义核心价值体系要点诠释

田杨群（肇庆学院思政部教授、博士）

社会主义核心价值体系是党的十六届六中全会首次明确提出的一个科学命题。社会主义核心价值体系到底怎样定义才合乎逻辑？这个问题是具有挑战性的。

谈论一个社会的核心价值体系问题，实际上是要问这个社会的成员：大家相信什么？信仰什么？大家普遍可以接受的价值观是什么？或者说得通俗一点，就是我们能做什么？为什么要那样做？美国一位知名节目主持人有一次访问一个小朋友，问他："你长大后想要做什么？"小朋友天真地回答："我想当飞机驾驶员。"主持人接着问："如果有一天，你驾驶的飞机飞到太平洋上空时，突然所有引擎都熄火了，你怎么办？"小朋友想了想说："我会先告诉坐在飞机上的人系好安全带，然后我系上我的降落伞跳出去。"这个回答让现场的人哄堂大笑，主持人却留意到孩子涨红了脸，眼泪夺眶而出。他觉得这个孩子也许并不像我们所想象的那样自作聪明，于是又问他："那你为什么要这么做啊？"孩子的答案充满悲悯之情，透露出一个孩子美好而真挚的想法："我出去拿燃料，我还要回来的！"

有人用10个字概括美国人今天的生存状况，叫作"喧闹的市场，宁静的教堂"。早在两百多年前，富兰克林也说过"能赚钱，只要赚得合法，就是精于和长于某种天职的结果和表现"。现在是市场经济时代，大家忙着挣钱，忙着跑市场，随着掌握的资本的变化，你的心情起伏不定，你的命运也是摇摆不定的。再比如印度，当年马克思说印度"旧的世界已经被破坏，新的世界尚未建立"。印度在很多方面可以和中国相比：一是人口仅次于中国（目前印度有10.27亿人口，是仅次于中国的、人口超过10亿的国家）；二是历史悠久，与中国同为文明古国。即便现在印度的人均GDP（人均GDP 700美元左右）比我们要低，但是，在那里，有75%的居民信仰同一种宗教（印度教），在那里，你可以看到老百姓安静的眼神。在这样一个大的穷国里，人们依然是安宁而有序的。在日本，道路都是非常窄的单行道，但是汽车完全可以全速行驶，这不仅体现了日本人效率高，而且体现了日本人遵守秩序。对比一下我们自己，很多人都有同感：表面风光内心彷徨，容颜未老心已沧桑，成就难有郁闷经常。我们有必要反思：为什么会有这样的差别？确切地说，今天的中国人应该建立一个大家都能享有的精神平台，树立一个大家都自觉为之奋斗的理想、信念和目标，这就是核心价值体系。下面讲3个问题：

一、什么是社会主义核心价值体系

在人类社会生活的一切领域中，价值是一个基本的范畴。人们在解决客体本身是什么、怎么样等问题的同时，总要进一步解决它们对人有什么意义这一问题，即“它们是好是坏、是利是弊”，“事情应该如何”，“人应该怎样”的问题，只有这样才能进行有意识有目的的活动。后者就是价值问题。简言之，价值问题不是回答“是什么”的问题，而是回答“为什么”的问题。比如我们建造一所房屋，当然必须考虑这座房屋的形式问题：多长、多宽、多高、什么样的门窗、墙壁、形体、颜色、风格等，所有这些都要按照要求严格设计和施工。但是，在回答这些问题之前，实际上必须首先回答的一个最根本的问题是：这座房子是干什么用的？为什么要建造这座房子？只有首先明确了这个问题，才能开始设计和施工。倘若这座房子是做礼堂用的，就要按照礼堂的要求设计它的具体形式，使它有较大的空间、宽敞的舞台和一定数量的座位；倘若是做居民住房用的，那就要按照住宅的要求，设计一定数量的单元套房。

哲学范畴的“价值”概念不同于政治经济学所研究的商品价值（指凝结在商品中的人类一般劳动），其主要是指某种物品或活动对于人类的有用性，大体上就是它的使用价值。没有使用价值的东西是不受人们欢迎的。具有使用价值，也就是对人有价值。任何物质的或非物质的东西，只有体现出对人的价值，才能真正持久地体现出它对人的有用性，也才能受到人们的欢迎，并具有恒久的生命力。

既然价值是客体（对象）对主体（人）的有用性，那么价值的形成、性质及特点就取决于主体（人），因主体的不同而不同。价值因人（主体）而异这一特性，叫做价值的主体性。因此，对价值作出判断（价值判断），首先必须弄清它是对谁而言的价值。否则，就无法进行任何价值判断。一片森林，人们可以把它作为建筑材料、能源、生态条件、审美对象和娱乐场所等，从而获得不同的价值。不仅如此，同一客体对同一主体的价值也会因时间地点等条件的变化而变化，即价值具有时效性，如人们对“雪中送炭”的赞美和对“雨后送伞”的调侃等。

价值是一种主体见之于客体的范畴，是“必然”与“应然”的统一。人有生、老、病、死，人的死亡方式很多，有病死、饿死、冻死、累死、气死……不一而足，这都是正常的。但是，也有一些人在选择死亡的方式时违背了必然性，比如谭嗣同，他完全可以活下来，可是，他最后选择用鲜血唤醒中国人。王国维先生是中国近代以来真正的大学问家，与梁启超、陈寅恪、赵元任并称清华四大导师——“教授的教授”。1927 年，51 岁的王国维在北京颐和园昆明湖投水自尽，给中国知识界极大的震撼并留下了深深的遗憾，也留下了难解之谜。应该说，他是死于某种价值，或者说，他坚信某种价值。人无法违背必然，但是，人类“演出”的真正目的是通过对必然、自然的认识、改造和驾驭，创造一个“应该如此”的世界来符合我们的价值判断。

在现实生活中，我们每个人都执行着两种不同的职能。一种是我能够做什么，不能够做什么？这属于真理判断（世界观）。一种是我应该做什么，不应该做什么？什么是善，什么是恶？这属于价值判断（价值观）。价值观给人以方向感，世界观给人以方位感，有了方向感和方位感，人心就安定了。人心安定，社会才井然有序。

价值的多元性并不意味着在价值体系中不存在统一性，或者不可能实现价值的统一。恰恰相反，每一个特定的国家、特定的民族在某一个特定的时刻，价值又可以是一元的，这就是我们所说的核心价值（比如抗日战争时期中国的全民族抗日精神）。

价值系统是一个国家、一个民族、一个社会信仰的灵魂，是一个政党和国家的号召力、凝聚力和吸引力的源泉所在。从文化上来说，其源泉在于有一种大家一致信奉的价值观（核心价值观）。罗斯福曾经说过：“国家像人一样，不只是每个部分的总和。”人不是手、脚等有机体的简单组合，更重要的是要有一种精神，于国家而言这种精神就是一个国家的信念，也是一种社会共享的价值。正如臧克家先生所说的：“有的人活着，他已经死了；有的人死了，他还活着。”一个国家、一个民族在长期的实践过程中，必然形成自己的核心价值体系，这是社会得以运转、社会秩序得以维持的基本精神依托。核心价值体系不仅作用于经济、政治、文化和社会生活的各个方面，而且对于每个社会成员的世界观、人生观、价值观都有着深刻的影响。

社会主义核心价值体系鲜明回答了在新的历史条件下，我们党用什么样的精神旗帜团结带领全体人民开拓前进、中华民族以什么样的精神状态屹立于世界民族之林的重大问题，是社会主义意识形态的象征。

社会主义核心价值体系是兴国之魂，是社会主义先进文化的精髓，决定着中国特色社会主义的发展方向。社会主义核心价值体系的主要内容包括 4 个方面：马克思主义指导思想，中国特色社会主义共同理想，以爱国主义为核心的民族精神和以改革创新为核心的时代精神，以及社会主义荣辱观。建设社会主义核心价值体系，就是要把上述 4 个方面的内容融入国民教育和精神文明建设的全过程，融入经济、政治、文化、社会建设的各个领域，使之成为全民族奋发向上的精神力量和团结和睦的精神纽带。

二、社会主义核心价值体系要点诠释

社会主义核心价值体系 4 个方面的内容相互联系、相互贯通、相互促进，是一个有机统一的整体，是社会主义意识形态最重要的组成部分，是从我们党领导人民在长期实践中形成的丰富思想文化成果中提炼出来的精华，是对社会主义核心价值体系深刻内涵的科学揭示。坚持马克思主义的指导地位，抓住了社会主义核心价值体系的灵魂；树立社会主义共同理想，突出了社会主义核心价值体系的主题；培育和弘扬民族精神与时代精神，掌握了社会主义核心价值体系的精髓；树立和践行社会主义荣辱观，打牢了社会主义核心价值体系的基础。

（一）坚持马克思主义在意识形态领域的指导地位，决不搞指导思想的多元化

马克思主义深刻揭示了人类社会的发展规律，坚定维护和发展最广大人民的根本利益，是指引人民推动社会进步、创造美好生活的科学理论。马克思主义是我们的立党之基、立国之本，是社会主义意识形态的旗帜和灵魂。这是理性认识，也是历史结论。马克思主义作为一种科学，它“提供的不是现成的教条，而是进一步研究的出发点和供这种研究使用的方法”。

马克思主义虽然诞生于 19 世纪，但并没有停留于 19 世纪。作为一个开放的

理论体系，160多年来，马克思主义始终与时代同行、与实践同步。毛泽东思想和中国特色社会主义理论体系（包括邓小平理论、“三个代表”重要思想和科学发展观）是马克思主义中国化的两大理论成果。在当代中国，只有坚持不懈用中国特色社会主义理论体系武装全党、教育人民，推动学习实践科学发展观向深度和广度拓展，引导党员、干部深入学习贯彻党的基本理论、基本路线、基本纲领、基本经验，学习马克思主义经典著作，系统掌握马克思主义立场、观点、方法，马克思主义才能成为我们的行动指南。要毫不动摇地坚持马克思主义基本原理，紧密结合中国实际、时代特征、人民愿望，用发展着的马克思主义指导新的实践。科学分析世情、国情、党情新变化，深入研究改革开放和社会主义现代化建设新课题，不断深化对共产党执政规律、社会主义建设规律、人类社会发展规律的认识，不断把党带领人民创造的成功经验上升为理论，不断赋予当代中国马克思主义鲜明的实践特色、民族特色、时代特色。我们必须把坚持和发展马克思主义自觉地统一于建设中国特色社会主义的实践中，在坚持中发展，在发展中坚持，自觉做到两个“坚定不移”、“毫不含糊”：坚持马克思主义的立场、观点、方法，坚持马克思主义的基本原理，这一点要坚定不移，毫不含糊；坚持解放思想、实事求是的思想路线，坚持勇于追求真理和探索真理的科学精神，这一点也要坚定不移，毫不含糊。

（二）只有中国特色社会主义才能发展中国

新中国成立后，我们建立了社会主义制度，这是中国社会的历史进步和巨大飞跃。但是，对于什么是社会主义、怎样建设社会主义，我们当时的认识并不深刻，由此导致了“左”倾错误，特别是文化大革命的错误。改革开放30多年来，我们党带领人民不断探索和回答这个重大理论和实际问题，开创了中国特色社会主义道路（中国经验、中国模式），取得了举世瞩目的伟大成就，中华民族以前所未有的雄姿巍然屹立于世界之林。实践证明，只有中国特色社会主义才能发展中国，才能使中国发展成为富强、民主、文明、和谐的社会主义现代化强国。

中国特色社会主义是科学社会主义基本原则与中国具体实际和时代特征相结合的社会主义，是植根于当代中国的科学社会主义。中国特色社会主义是当代中国发展进步的根本方向，集中体现了最广大人民的根本利益和共同愿望。“中国特色”就是鲜明的实践特色、民族特色和时代特色。

首先，中国特色社会主义不是从书本上照抄来的（教条的）社会主义，而是从实践中“闯”出来的社会主义，是汲取国内外社会主义建设的经验教训、探索社会主义发展新道路的必然抉择，这是其实践特色。

其次，中国特色社会主义不是照搬他国模式的（克隆的）社会主义，而是符合中国具体国情及发展要求的社会主义，是植根于中华民族优良传统、立足于社会主义初级阶段实际的自觉选择，这是其民族特色。

再次，中国特色社会主义不是走封闭僵化老路或全盘西化邪路的社会主义，而是锐意改革、着力发展、坚持开放、以人为本、促进和谐的社会主义，是顺应时代潮流、走在时代前列的社会主义，这是其时代特色。

30多年来，正是中国特色社会主义使中华民族走向现代化、走向世界、走向未来，成功实现了从计划到市场、从封闭到开放的历史性转折，中华大地面貌焕然一新；正是中国特色社会主义使十几亿中国人民从解决温饱到实现基本小康，确保了人民安居乐业、社会安定有序、国家长治久安。

30多年的实践表明，中国特色社会主义伟大旗帜是当代中国发展进步的旗帜，是全党全国各族人民团结奋斗的旗帜，也是实现中华民族伟大复兴、使社会主义充满生机和活力的旗帜。

建设中国特色社会主义从来就不是一帆风顺的，在征途上也出现过坎坷，但这条道路是完全正确的，成绩和成效不容否定。进一步发展中国特色社会主义，在前进道路上还会遇到新的严峻挑战、新的复杂因素，但只要我们坚定不移地走中国特色社会主义道路（不动摇、不懈怠、不折腾），就一定能够胜利实现我们的宏伟蓝图和奋斗目标。

开展中国特色社会主义共同理想信念教育，就是要引导干部群众深刻认识中国共产党领导和中国特色社会主义制度的历史必然性与优越性，深刻认识中国特色社会主义道路既是实现社会主义现代化和中华民族伟大复兴的必由之路，也是创造人民美好生活的必由之路，自觉把个人理想融入中国特色社会主义共同理想之中，最大限度地把广大人民团结和凝聚在中国特色社会主义伟大旗帜之下；就是要紧密结合中国特色社会主义成功实践，联系干部群众思想实际，针对社会热点难点问题，从理论和实践结合上作出有说服力的回答，引导干部群众在重大思想理论问题上划清是非界限、澄清模糊认识，有力抵制各种错误和腐朽思想的影响；就是要深入开展形势政策教育、国情教育、革命传统教育、改革开放教育、国防教育，组织学习中国近现代史特别是党领导人民进行革命、建设、改革的历史，坚定广大干部群众对中国特色社会主义的信心和信念。

（三）弘扬民族精神和时代精神，使全体人民始终保持昂扬向上的精神风貌，使全民族的创造精神和创造活力充分迸发

民族精神是一个民族在长期社会实践中形成的民族意识、民族心理、民族品格、民族气质的总和，是民族文化的集中体现，是一个民族薪火相传的精神力量。

在5 000多年的历史长河中，中华民族形成了以爱国主义为核心的团结统一、爱好和平、勤劳勇敢、自强不息的伟大民族精神。这种民族精神，是古往今来千千万万中国人奋发向上、百折不挠的精神支柱，是中华民族生生不息、发展壮大的精神动力。

30多年来，在中国人民改革开放的伟大实践中，我们不断培育、积累和形成了以改革创新为核心的与时俱进、开拓进取、求真务实、奋勇争先的时代精神。正是依靠这种精神，我们战胜了各种艰难险阻，经受住了各种严峻考验，取得了改革开放和现代化建设的辉煌成就，开辟了中国近百年来发展最好、最快的历史新时期。

民族精神和时代精神相互交融，深深熔铸在民族的生命力、创造力和凝聚力之中，成为中华民族自强自立的精神品格，成为推动中华民族伟大复兴的精神动力。在新的历史条件下，要实现中华民族的振兴发展，就必须把弘扬民族精神和时代精神结合起来，统一起来。

今天，我们弘扬的民族精神和时代精神，既包括了“天下兴亡，匹夫有责”，“富贵不能淫，贫贱不能移，威武不能屈”，“先天下之忧而忧，后天下之乐而乐”等优良民族传统，也包括了我们党领导人民在长期革命斗争中形成的井冈山精神、长征精神、延安精神、抗战精神、西柏坡精神等；既包括了在社会主义建设时期形成的大庆精神、雷锋精神、“两弹一星”精神等，也包括了在改革开放新时期形成的创业精神、抗洪（旱、雪灾）精神、抗击“非典”精神、青藏铁路精神、载人航天精神、抗震救灾精神等。

弘扬民族精神，就是大力弘扬爱国主义、集体主义、社会主义思想，增强民族自尊心、自信心、自豪感，激励人民把爱国热情化作振兴中华的实际行动，以热爱祖国和贡献自己全部力量建设祖国为最大光荣、以损害祖国利益和尊严为最大耻辱。弘扬时代精神，就是要引导干部群众始终保持与时俱进、开拓创新的精神状态，永不自满、永不僵化、永不停滞，以不断解放思想来推动事业持续发

展。总的来说，弘扬民族精神和时代精神，就是要大力弘扬一切有利于国家富强、民族振兴、人民幸福、社会和谐的思想和精神，大力发扬艰苦奋斗、勤俭节约的优良传统，加强民族团结进步教育，增进对伟大祖国和中华民族的认同感，促进各民族共同团结奋斗、共同繁荣发展。

弘扬民族精神和时代精神，体现了社会主义核心价值体系的民族性和时代性。要把弘扬民族精神和时代精神纳入国民教育与精神文明建设的全过程，坚持继承和创新相统一、民族性和世界性相结合；紧密结合实际，重实践，重实效，充分利用现实载体，如传统节日、纪念日、爱国主义教育基地等，采取形象、生动的教育手段进行教育；重视制度建设，对弘扬民族精神和时代精神进行整体规划与部署，形成相应的机制，如操作机制、传播机制、激励机制、监督机制等，防止形式主义的“走过场”。

（四）用社会主义荣辱观引领社会风尚，打牢全党全国各族人民团结奋斗的思想基础

荣辱观是人们对荣誉和耻辱的根本看法与态度。树立正确的荣辱观是形成良好社会风气的重要基础。只有分清是非荣辱，明辨善恶美丑，一个人才能形成正确的价值判断，一个社会才能形成良好的道德风尚。

在我们这样一个有着 13 亿多人口、56 个民族的发展中大国，是非、荣辱、善恶、美丑的界限绝对不能混淆，坚持什么、反对什么，倡导什么、抵制什么，都必须旗帜鲜明。总的来看，当代人们精神风貌的主流是好的，但在社会生活的一些领域和一些人群中，确实存在不明是非、不知荣辱、不辨善恶、不分美丑、把腐朽当神奇、把庸俗当崇高、把谬论当真理的现象。这些现象与社会主义理想目标格格不入，与文明风尚极不协调。

胡锦涛同志指出，要教育广大群众特别是青少年树立社会主义荣辱观：坚持以热爱祖国为荣、以危害祖国为耻，以服务人民为荣、以背离人民为耻，以崇尚科学为荣、以愚昧无知为耻，以辛勤劳动为荣、以好逸恶劳为耻，以团结互助为荣、以损人利己为耻，以诚实守信为荣、以见利忘义为耻，以遵纪守法为荣、以违法乱纪为耻，以艰苦奋斗为荣、以骄奢淫逸为耻。以“八荣八耻”为主要内容的社会主义荣辱观，明确了当代社会最基本的价值取向和行为准则，涵盖了人生态度、社会风尚的方方面面。其中，前四条是社会主义价值原则的集中概括，后四条是中华民族传统美德的传承，体现了中华民族传统美德与时代精神的完美

结合。

树立和践行社会主义荣辱观，体现了社会主义道德的根本要求。社会主义荣辱观旗帜鲜明地指出了在社会主义市场经济条件下，应当坚持什么和提倡什么、反对什么和抵制什么，为全体社会成员判断行为得失、确定价值取向提供了基本准则和行为规范，为引领社会风尚树起了一面旗帜。

树立和践行社会主义荣辱观，弘扬中华传统美德，推进公民道德建设工程，加强社会公德、职业道德、家庭美德、个人品德教育，引导人民增强道德判断力和道德荣誉感，自觉履行法定义务、社会责任、家庭责任，有利于在全社会形成知荣辱、讲正气、作奉献、促和谐的良好风尚；有利于形成男女平等、尊老爱幼、扶贫济困、扶弱助残、礼让宽容的人际关系。要把诚信建设摆在突出位置，大力推进政务诚信、商务诚信、社会诚信和司法公信建设，抓紧建立健全覆盖全社会的诚信系统，加大对失信行为的惩戒力度，在全社会广泛形成守信光荣、失信可耻的氛围；要加强法制宣传教育，弘扬社会主义法治精神，树立社会主义法治观念，提高全民法律素质，推动人人学法、遵法、守法、用法，维护法律权威和社会公平正义；要加强人文关怀和心理疏导，培育自尊自信、理性平和、积极向上的社会心态；要弘扬科学精神，普及科学知识，倡导移风易俗、抵制封建迷信；要深入开展反腐倡廉教育，推进廉政文化建设。

三、社会主义核心价值体系建设若干思考

（一）社会主义核心价值体系的基本价值导向和基本原则

建设社会主义核心价值体系必须有进步事业的支撑，有正义行为和先进文化的配合。就当代中国来说，一切有利于解放和发展生产力、增强综合国力、提高人民生活水平的事业都是进步的事业；一切有利于维护民族团结、维护法律尊严、维护人民利益的行为都是正义行为；一切有利于弘扬社会主义、集体主义、爱国主义精神，有利于弘扬真善美、抵制假恶丑的文化都是先进文化。“进步”、“正义”、“先进”、“文明”、“和谐”的价值导向，就是社会主义核心价值体系的基本价值导向。

社会主义核心价值体系是社会主义制度的内在精神和生命之魂，它决定着社会主义的发展模式、制度体制和目标任务，在所有社会主义价值目标中处于统摄和支配的地位。没有社会主义核心价值体系的引领和主导，建设和谐文化就会迷

失方向。当前，我们正处在一个多元化的时代，先进文化和落后文化、有益文化和腐朽文化同时存在，正确思想和错误思想、主流意识形态和非主流意识形态相互交织。要在这样的条件下建设和谐文化，构建社会主义核心价值体系，用以引领和整合多样化的思想意识与社会思潮，使先进文化得到发展，健康文化得到支持，落后文化得到改造，腐朽文化得到抵制，实现文化自身的和谐，必须坚持以下几条基本原则：一是要立场鲜明，用马克思主义及其中国化的理论成果占领社会主义意识形态主阵地；二是要主题明确，弘扬社会主义、爱国主义、集体主义主旋律；三是要载体多样，用积极健康、活泼向上的文化丰富人们的精神生活；四是要形成合力，打造学校、家庭、社会三位一体的宣传教育网络。

（二）践行社会主义核心价值体系的突破口——学习宣传先进典型

一个先进典型就是一本鲜活的教科书，使抽象的价值体系变得具体生动，看得见、摸得着，让人民群众可信、可亲、可学。

树立一个先进典型，就是在社会上竖起一面旗帜，就是在群众中确立一种导向。这对于引导人们自觉地把社会主义核心价值体系转化为社会群体意识，具有十分重要的意义。

在革命战争年代，我们学习宣传张思德、白求恩、董存瑞、刘胡兰等英雄模范人物，对于引导广大军民积极投身于民族独立和解放的斗争，起到了极大的激励作用。

在和平建设时期，我们学习宣传雷锋、王杰、焦裕禄、王进喜、时传祥等先进典型，对于动员全国人民艰苦创业，投身社会主义建设，发挥了巨大的推动作用。

改革开放以来，我们学习宣传张海迪、蒋筑英、孔繁森等先进典型，对于激励人们投身改革开放和现代化建设事业，起到了巨大的促进作用。

十六大以来，我们学习宣传郑培民、牛玉儒、任长霞、方永刚、袁隆平等先进典型，对于凝聚广大群众全面建设小康和社会主义和谐社会，起到了积极的推动作用。

在市场经济深入发展、思想文化多元多变的社会条件下，典型人物和典型事迹的学习和宣传如何围绕中心、服务大局，如何体现时代要求、反映社会主流价值观，如何贴近实际贴近生活贴近群众、增强亲和力和说服力，如何发挥引领作用、促进人们形成团结向上和锐意进取的精神风貌，是我们迫切需要着力研究的重要课题。

社会主义核心价值体系在我国社会所有价值目标中处于统摄和支配地位，发挥着主导作用，它决定着整个社会价值体系的基本性质、基本特征和发展方向。它既是抽象的又是具体的，既具有理论性又具有实践性。因此，建设社会主义核心价值体系，需要把抽象的原则变为具体的要求，把理论上的阐述变为实践上的行动，这样才能让人们真正理解、接受、掌握和运用。

一是要把社会主义核心价值体系作为选择和确定先进典型的主要标准。当今时代英雄辈出，各行各业不断涌现出一批批优秀分子，先进典型多姿多彩、层出不穷，但是，不论他们来自哪个领域、从事何种职业，都应当是社会主义核心价值体系的积极倡导者和模范实践者。虽然他们的优秀事迹各不相同，但都从不同侧面体现着社会主义核心价值体系的内在要求。因此，在实践中选择和确定先进典型，就是要看其是不是坚持马克思主义指导思想，是不是具有中国特色社会主义理想信念，是不是体现民族精神和时代精神，是不是弘扬社会主义荣辱观。只有这样，树立起来的典型才能在社会上立得住、传得开、叫得响。

二是确保先进典型事迹的客观真实。先进典型能打动人，是因为他们源自生活、来自群众，有血有肉、生动鲜活；更是因为他们真实可信，越是真实越感人，越是朴实越亲切。因此，对先进典型，不能为了宣传而人为拔高、溢美作秀，把他们刻画成十全十美的“完人”。必须始终遵循客观真实的原则，按照先进人物的本来面目塑造典型形象，用平实的语言阐释先进事迹，用平凡小事展现崇高精神，做到内容真实准确、细节生动鲜活、事迹合情合理、评价适度适当。为此，必须从不同视角对先进典型事迹既进行调研核实，又进行深度挖掘，把典型的特征搞准，把典型的事迹搞实，确保先进典型靠得住、过得硬，经得起群众和时间的考验。

三是坚持面向基层、面向群众。基层和群众是绝大多数先进典型成长的肥沃土壤，要把基层的呼声、群众的意愿、社会的反响作为重要依据。先进典型离群众越近，就越有说服力，越为群众所认同。因此，要把目光投向基层，聚焦群众，善于从普通群众中发现典型、树立典型，让人们从身边凡人小事上看到不平凡的精神境界，近距离地感受到先进人物的人格力量。要扩大先进典型的覆盖面和影响力，既深入挖掘普通工人、农民、军人和知识分子中的先进典型，又注意发现在社会变革中出现的新兴社会阶层中的可歌可泣的先进典型。

四是注意把握好先进典型宣传的时机和节奏。典型宣传只有把握好时机和节奏，做到适时、适度，才能产生好的影响和效果。所谓适时，就是根据不同时期党和政府的中心工作，确定典型宣传的主题和重点，有计划有步骤地在不同时段推出不同典型，主动配合党委和政府的中心工作及重大部署的实施。所谓适度，就是处理好数量与质量、重大典型与一般典型的关系，坚持数量服从质量，密度服从效果，做到一般典型“常流水、不断线”，重大典型在一段时期内既不过于集中、又不拉得过长，两者相得益彰，发挥多层次示范引导作用。

建设社会主义核心价值体系，是一项长期的、艰巨的、复杂的系统工程，也是一项伟大的事业，每一位社会成员都是这项事业的中坚力量和中流砥柱，只有多方动员、多管齐下、多元参与，才能形成合力。

关于构建社会主义核心价值体系的几个问题

韩月香（肇庆学院政法学院博士、教授）

一、中国价值观的转变历史

鸦片战争是中国历史上的“三千年未有之变局”（李鸿章语），面对这种变局，经由百家争鸣、经过历朝历代的强化选择而形成的以儒家文化为核心的传统价值观受到了现实的无情挑战，顽固派“天不变，道亦不变”的蠢钝与颟顸，再也无法挽救大清王朝的颓势与败局。中国不得不面临着近代化的历史转型，这一转型的关键，实际上就是社会核心价值的蜕变。“师夷之长技以制夷”成为第一次价值观转变的主要目标，中西方两种完全不同的文化价值体系如何相处、相融，成为洋务运动、戊戌变法、辛亥革命、新文化运动所面对的主要难题。尽管有人认为在这一历史更替中向西方学习的激进因素越来越多，推进的层面越来越深，但有一条主线还是没有变化的，那就是他们所学的西方价值观是支撑文艺复兴以来的商业文明、市场经济的主体文化价值——自由主义价值观。这是鸦片战争以来的第一次价值观转变。

第二次价值观转变是以“五四”时期学生的政治运动为开端的，毛泽东所说的“十月革命一声炮响，给我们送来了马克思列宁主义”，指的就是这个历史时期。中国共产党的成立使马克思主义价值观成为新价值观的核心内容，经过多次党内外的残酷斗争，确立了最高纲领和最低纲领。新民主主义思想是毛泽东在与共产国际斗争过程中，以中国的特殊国情为分析对象而提出来的核心价值观，即在党的领导下，工人、农民、小资产阶级和民族资产阶级和平共处，“公私兼顾、劳资两利”的价值观。自 1953 年之后，大规模经济建设的需要和加快工业化步伐的建设路径的选择，使得以苏联为榜样的、优先发展重工业的社会主义工业化道路成为首选，于是核心价值观又进入了第三次大变革中。

第三次价值观的重建是以传统的社会主义价值体系为目标的。传统的社会主义价值体系的基本特征是以公有制为基础、以集体主义为核心、以共产主义为目标。这个社会主义价值体系的建立过程主要是通过以下两个方面的运动进行的：一是通过土地改革运动，“三反”、“五反”运动，社会主义三大改造运动，社会主义教育运动等一系列政治、经济运动来进行的，其目的和结果就是彻底否定私有产权制度以及由此而派生的道德规范、价值标准和理性思维；二是通过“工业学大庆”、“农业学大寨”以及学雷锋、学焦裕禄等英雄或榜样的群众运动，把“集体主义”、“大公无私”等价值原则确立为社会主义的价值观，并不断用政治的强制力来强化、普及、推行这种价值观。

二、当下社会主义核心价值体系

任何社会都有一定的价值观念、价值标准和价值指向。核心价值观是指能够体现社会主体成员的根本利益、反映社会主体成员的价值诉求、对社会变革与社会进步起维系和推动作用的思想观念、道德标准和价值取向。核心价值理念反映的是人们所需求的诸如目标、爱好、祈求的最高、最后的精神观念，它是人们心目中关于美好的和正确的决定性理念。现代国家的核心价值理念是一个国家解决最为紧要的“国家认同”问题的重要一环，如果一个国家缺乏核心价值理念的感召和凝聚，国家就会处于精神涣散的状态，国家的前途和命运就会令人担忧。

党的十六届六中全会首次提出“社会主义核心价值体系”的概念，并将其基本内容概括为“马克思主义指导思想，中国特色社会主义共同理想，以爱国主义为核心的民族精神和以改革创新为核心的时代精神，社会主义荣辱观（以热爱祖国为荣，以危害祖国为耻；以服务人民为荣，以背离人民为耻；以崇尚科学为荣，以愚昧无知为耻；以辛勤劳动为荣，以好逸恶劳为耻；以团结互助为荣，以损人利己为耻；以诚实守信为荣，以见利忘义为耻；以遵纪守法为荣，以违法乱纪为耻；以艰苦奋斗为荣，以骄奢淫逸为耻)”。

新的核心价值体系是改革开放后，面对新问题、新情况而提出来的，与传统的计划经济体制下的观念相比，新的核心价值有很多的改变：①打破了单一的公有制及其建立在此基础上的国家至上、集体至上观念；②打破了计划经济及其建立在此基础上的全能国家和全能政府观念；③打破了按劳分配及其建立在此基础上的平均主义观念；④打破了与资本主义对立和革命不可避免及其建立在此基础上的仇视和完全否定西方的观念；⑤打破了传统社会主义价值体系一统天下的局面，价值生态体系的多元化格局已经基本形成。随着经济体制改革、市场经济机制的确立，中国走向市场化、工业化、现代化已成为历史的必然，这就使得中国的社会价值必然进入一个新的转型期——第四次转型期，而上述价值体系的内容是对这次转型的回应。当然，这基本上是一种官方的应回。

需要注意的是，儒家的核心价值观并没有随着社会主义价值体系的确立而完全退场，尤其是在民间，地域观念、重男轻女观念和烧香拜神行为等，一直影响着人们的生活与行为。改革开放后，执政者对社会思想的控制有了一定的缓解，这些传统的价值观念又有所回升。所以，研究和探讨当今的社会价值现实，有必要了解这些价值的主要内容。某种意义上说，这也是民间的一种回应方式。

三、核心价值体系与文化软实力理论

未来中国的核心价值体系该如何发展，怎样把官方的倡导与民间的草根精神结合在一起凝成一股健康的合力，这是考验政治家、理论家的极具挑战性的问题。参考国外的相关研究，是一个非常重要的办法。比如，美国学者约瑟夫·奈（Josephs Nye）的国家综合实力研究就非常有启发意义。

约瑟夫·奈认为国家的综合实力是由“硬实力”和“软实力”构成的，仅仅看到某一个方面是有缺陷的。他把实力分成“硬实力”和“软实力”两种形态：“硬实力”通常是与诸如军事和经济力量等具体资源相关的“硬性命令式实力”；“软实力”是与诸如文化、意识形态和制度等抽象资源相关的、决定他人偏好的“软性同化式实力”。奈认为，软实力主要包括三种力量资源：一是文化及价值观等意识形态方面的吸引力和感召力；二是社会政治经济制度以及发展模式的吸引力和影响力；三是国际形象的亲和力及在多边外交中对国际规则和文化发展战略、国际机制等的控制力。软实力实际上是一个国家的文化与意识形态诉求，包括理论指导力、理想凝聚力、道德教化力、舆论导向力、科技创造力、法纪整合力、艺术熏陶力等方面的内容，其核心部分是文化价值观及其政治价值观的认同及影响力。

应该说，在构建中国的核心价值体系的过程中，了解国外的这类研究及其理论成果，对开拓我们的思路很有助益，在建立什么样的核心价值体系以及如何建立核心价值体系上能够给我们提供更开阔的参照系。

四、一个对社会贫富问题分析的价值争论

每一个社会，无论发展到什么阶段，阶层的分化都是不可避免的，贫富的不均都是一个回避不了的现实。对于这种现象的不同分析，典型地反映出了不同的价值观在看待具体的社会问题时的差异。

第一种认为，即使在一个制度公正健全的社会中，由于每个人的自然禀赋不同，必然会形成贫富分化的格局，而且，对这种格局的维护还是推进社会进一步发展的有力杠杆。假定所有的人从完全相同的初始状态开始，比如，每个人都被上帝赐予了100美元，由于人的智力、性格、习惯、偏好等的不同，那些富有企业家精神、更为节俭、更为勤奋、更看重未来的人，或者运气更好的人，财富最终可能会积累到500美元；另一些人不具备这些因素，只剩下20美元，这是社会差异形成的最简单的模型。这种观点认为这样的差异是自然的，政治制度可以基于功利的目的予以矫正，但是在道德上穷人与富人两不相欠。这是西方自由主义的政治经济学观点，亚当·斯密（Adam Smith）、哈耶克（Hayek）、米尔顿·弗里德曼（Milton Friedman）等著名西方经济学家、政治思想家均持这种观点。

第二种政治经济学则相信，富人的财富是剥削的产物，穷人是因为受到剥削才贫穷的，所以富人在道德上是有缺陷的，是坏的。这就是过去我们在思想僵化的时代所信奉的“革命的政治经济学”，尽管这种政治经济学在改革开放的今天、在思想解放的当下，似乎已成了过街老鼠，但是很多相关的讨论还是深深地被打上了“富人道德上劣于穷人”的背景知识的烙印，而这样的背景知识又被当下中国的现实所强化。一个社会，如果制度设计不当，比如，法律、政府保护垄断，给予某些人特权，使其可以将自己不公平的交易条款强加给他人，或者政府刻意剥夺某些群体，则贫富的差异可能更加触目惊心，显失公平。非常遗憾，从某种意义上来说，这正是中国的现实。这个现实强化了我们在分析贫富问题时的道德背景知识，遮蔽了我们的思维，模糊了我们的视线。实际上，除了特别明显的个案之外，通常情况下我们很难准确判断某个具体的富人的财富究竟出自哪一个源泉。比如，在中国，绝大部分商人不得不与政府打交道，其行为经常发生在灰色领域，那么，我们如何判断，这些人的财富是市场经济正常运转的自然结果还是特权的不公平结果？问题的关键不在于对一个群体的财富来源以及由此而获得的道德地位作出准确的判断，而在于如果把贫富关系作为一个政治问题、一个社会治理问题来考虑，那么它就不应该像司法活动那样仔细追究每个人的财富

来源的正当性。政治活动不同于司法活动，司法是面向个人的，因而有可能为了恢复正义而追究过去的细节，并通过公正的程序让具体的个人承担具体的责任。可是，政治活动是面向群体的，我们不能因为一个社会群体犯了罪，就说他们是坏人。富人群体在正常的市场源泉之外，借助特权攫取财富与利益，那并不能说明他们是道义上的“坏人”，而很可能是因为制度上的某种扭曲所致。因此，如果我们希望改变这种不公正的现状，恢复公正的秩序，重要的不是追究富人群体过去做错了什么，而是理性地面对财富配置的不均乃至不公局面，深思具有建设性的解决之道，深思在制度规则方面如何创新，避免财富占有量不等的群体之间的仇视、冲突乃至社会断裂。我们欣喜地看到，十七大报告指出了各种可能的解决贫富分化的思路，试图弥合的就是这种可怕的社会断裂、社会冲突。

需要指出的是，潜藏在中国传统文化中的斗争哲学是解决社会不公的真正大患。斗争哲学认为，社会各个群体之间的利益是相互对立的，只能是也必然是一种零和博弈对局，只能是也必然是一种零和游戏，即一方所得就是另一方或其他所有人之所失。因此，一个群体要改变自己的地位和命运，就必须通过斗争消灭对方。在这样的社会中，自然会周期性地出现一批又一批诉求相反、心态却完全相同的煽动者。一群人说，寡头的垄断即使让弱势群体遭到了剥夺，但终究提高了经济效益，这是历史进步的必要代价，被剥夺者应该忍下来。另一群人说，既然寡头剥夺了我们，那我们就“剥夺剥夺者”，把这个世界颠倒过来。早在古希腊时期，亚里士多德就已经注意到了这种现象：“平民群众和财富阶级之间时时发生竞争，不管取得胜利的是谁，那占了上风的一方总是不肯以公共利益和平等原则为依归来组织中间形式的政体，他们把特权看作是斗争胜利的果实，抢占到自己手中后，就各自宁愿偏向平民主义或寡头主义而独行其是。”无论是寡头还是平民，都过于贪婪，彼此都抱着“取而代之”的心态。结果，社会只能在寡头主义与民粹主义之间循环，每个群体周期性地享有特权，又周期性地蒙受损害。

其实，富人与穷人以及社会各个不同群体的人，乃是社会这个有机体的不同器官，人之正常运转，离不开任何一个器官，每个器官都发挥着必不可少的功能。法国经济学家巴斯夏提倡，一个正常健康的社会应该形成一种“和谐利益观”或“和谐财富观”，穷人与富人的利益不是相互排斥的，而是和谐的、互补的、与他人和平共存的，不以剥夺对方、消灭对方作为追求自己价值的手段。富人的力量与相对贫穷的平民的力量应该均衡地分布在一个宪政框架内，使双方的诉求都能得到表达，权利都能得到尊重，利益都有机会实现，每一方也都有能力避免对方的侵害，面对可能的利益冲突也都能理性地妥协解决。我国著名思想家秋风把这种制度框架叫做“贫富共和”，当然贫富共和最终还是依赖于较为公正的规则体系或制度体系。所以他说，贫富问题的现代关照，既不是富人的政治经济学，也不是穷人的政治经济学，而是促进贫富合作与交换、以增进共同福利的政治经济学，所追求的是积极的非零和博弈。

五、核心价值观的普适性与本土性

构建中国的核心价值体系还有一个问题不得不面对，那就是如何看待价值观的普适性与本土性问题。有些人认为中国有源远流长的历史和文化，因此，中国本土的价值资源更具有优先性；另一些人则认为，当今中国已经是世界大家庭中的一员，又是一个大国，在这样的形势下，中国要在国际上真正有所作为，承担起大国的责任，就必须更加重视新的核心价值的普适性要求，这是发展的趋势。我认为，对这个问题要有理性的考量。

第一，从核心价值体系建设的理念层面看，必须保持其普世性。绝对不能简单地把国家核心价值体系理解成一个国家特殊主义、历史主义的东西，因为在一个全球化的时代，国家核心价值体系必须建立在人类基本价值理念的基础之上，而这就注定了国家核心价值体系必须对普世价值观念作出有效的回应。举例来说，美国有自己的国家哲学——实用主义，但是在阐发实用主义理论过程中，自由、人权、平等、宪政、法治等现代普世价值也在不断地得到深化；北欧将民主社会主义作为国家核心价值理念，而民主社会主义恰恰是建立在自由、民主、平等、法治等这些普世价值的基础上的；新加坡的核心价值体系致力于结合传统与现代、东方与西方，这种结合的意图本身就表明了其普世性追求。自由、平等、民主、法治、宪政等人类的基本价值观念，不是哪个或哪些国家的产物，也不是哪个或哪些阶级的产物，它们是千百年来人类艰难思索的结晶，是人们致力于达到的目标，它不仅为世界各国所共同拥有，是普世的，也是世界各国所努力践行的，因此又是普适的。

第二，从核心价值体系建设的制度层面看，必须保持其权威性的特点，并重视其制度安排的连续性。现代国家核心价值体系之所以能够在维系人心、整合社会秩序方面发挥保障作用，就是因为国家权力在制度设计、制度供给与制度运转过程中自觉地推行某种核心价值体系，并将这些核心价值作为制度设计、制度供给与制度运作的轴心。由国家政治经济诸制度保障的国家核心价值体系，不是国家权力一头热的产物，其权威性来源于强制性权力与自愿性权利的共同认可。只有在国家权力与社会各方都认同某种价值体系的前提条件下，由国家设计和社会支持的国家核心价值体系的建设，才具有价值的正当性和技术的可行性。

第三，从核心价值体系建设的引导方式看，必须保持核心价值体系的灵活性，保持其理论的活力，并以此为基础实现潜移默化的社会化目标。国家核心价值体系的阐释，不是一朝一夕、由某一个政治家或理论家来完成的，它是由政治家们和思想家们逐渐建构起来的。国家核心价值体系必须具有理论的震撼力和逻辑的自恰性，在国家政策层面保持一致性和一贯性。在国内政策上，政府通过教育政策、福利政策等公共政策安排，自觉地将国家核心价值体系贯彻到各种各样的政策制定中；立法机构立法或修订法律，要以国家核心价值为依据；司法系统也要将国家核心价值体系灌注到司法解释和司法实践中。国家权力系统在影响国家社会政治生活各个方面的时候，将言行约束在国家核心价值体系之下，本身就是引导公民认同国家核心价值体系的最好方式，这样才能形成核心价值理念与日常生活秩序相互影响、相互促进的良性互动关系。

第四，从国家核心价值体系的社会认同状态看，必须保持核心价值体系认同的非政治性方式，并自觉保持核心价值渗入社会生活的自主性和自愿性，以人们喜闻乐见的方式将核心价值长期、持续、协调地贯穿到社会生活之中，贴近生活，并留有对此进行批判的空间，这是取得举国认同效果的有效途径。

第五，在具体的普及方式上，应该更多地考虑我们的历史传统和人们的情感方式，真正做到普适性与本土性的有机结合。

总之，构建社会主义核心价值体系并不是一个很简单的事情，更不是一朝一夕的事情，也不是个别人或某些人的事情，本质上说，它更是一个制度的演进与选择的问题，是人的有限理性如何有效利用的问题。上述问题的简单勾勒，是思考该问题时不得不面对的主要考量因素，对这些变量的充分考虑、斟酌、拿捏才是建构社会主义核心价值体系的应有之道。

高要市经济社会发展情况

李振杰（高要市委宣传部副部长）

高要市位于广东省中部、西江中下游，既属珠江三角洲经济区，也是全省 50 个山区县（市）之一。全市总面积 2 196 平方公里，辖 16 个镇、1 个街道办事处、324 个村委会、26 个社区，总人口 75. 2 万人。

高要有两千一百多年的历史，因辖区内羚羊峡有居高扼要之势而得名，是国画大师黎雄才的故乡。

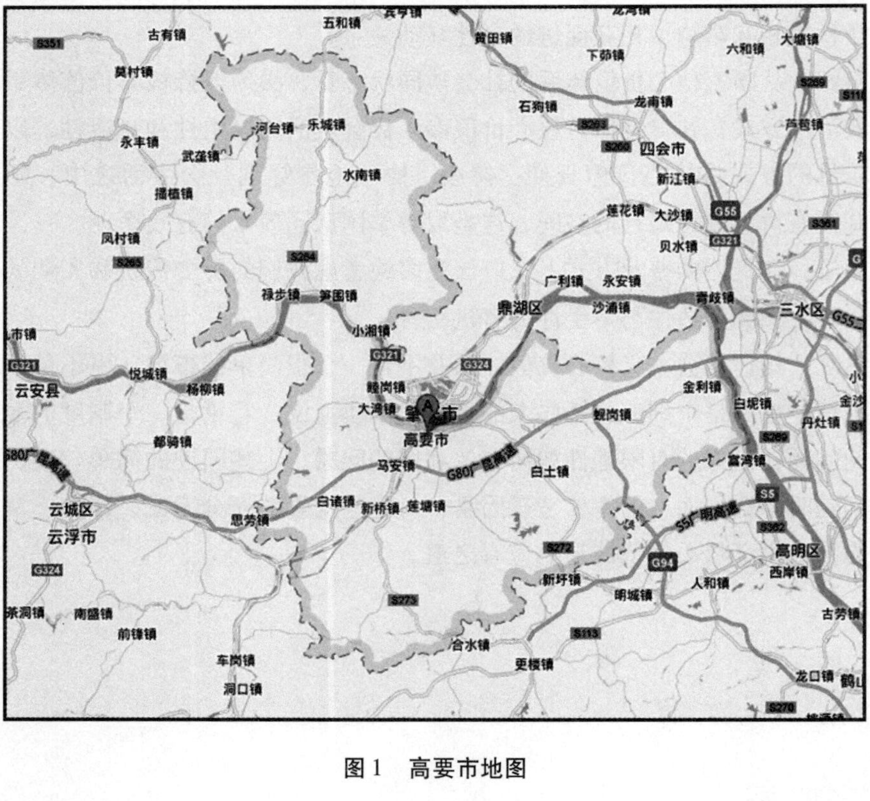

图 1　高要市地图

近年来，在广东省委、省政府和肇庆市委、市政府的正确领导以及上级有关部门的大力支持下，高要坚持以科学发展为主题，以加快转变经济发展方式为主线，加大贯彻落实珠三角规划纲要力度，突出抓发展、抓民生、抓稳定、抓队伍，全力推进经济社会又好又快发展，荣获“中国特色魅力城市200强”、“中国最具投资潜力中小城市20强”、“中国最具区域带动力中小城市百强”等称号。

概括起来，高要的发展主要有八个特点：

一是综合实力明显增强。2010年，全市实现GDP 210.26亿元，增长18.2%，比2005年翻一番多，总量保持在肇庆市各县（市、区）首位；社会固定资产投资总额108.8亿元，增长39.2%，比2005年翻一番多；地方财政一般预算收入13.6亿元，增长26.2%，比2005年翻两番多。2010年，工商税收超2 000万元的镇（街道）达到13个，是2005年的3倍多。

二是工业经济持续高速增长。2010年，全市实现规模以上工业总产值394.3亿元，增长38.3%，是2005年的6.4倍；规模以上工业增加值95.5亿元，增长38.5%，是2005年的7倍。2010年，全市产值超亿元的企业达到104家，与2005年的不足10家相比增加了95家；全市纳税超500万元的企业49家，比2005年的6家增加了43家。

三是招商引资和园区载体建设成效显著。2010年，全市引进项目150个，实际引进外资1.76亿美元，增长6.6%，比2005年翻一番；外贸出口总额4.39亿美元，增长24%，比2005年翻一番多。加大了园区载体建设力度，“六园一带”产业园区已开发35.5平方公里，全市南北互动、整体推进、全方位发展的园区规划建设格局进一步形成。

四是基础设施加快对接。加快推进投资额达5.55亿元的十大基础设施工程，总投资24.65亿元、总长190公里的“六纵六横”18个重点交通项目建设顺利，新江口大桥、世纪大道、肇江公路扩建改造、江肇高速高要段等工程项目竣工通车，南广铁路、江肇高速刘村连接线等重点工程加快推进。供电、供水等基础设施建设力度加大，榄州220千伏、开田110千伏等多项输变电工程竣工投产；总投资8 960万元的“大水务”工程已完成新桥、莲塘供水项目，正向蛟塘、白土、回龙等周边城镇稳步推进。

五是城市建设上新水平。在投入2 000多万元开展《高要市城市总体规划》等22项规划编制的基础上，启动了新兴江“一河两岸”江滨新城规划建设，积极推进西江新城、江景新区规划建设；启动了总投资9.58亿元的33项市政工程建设。房地产品牌带动效应进一步凸显，2010年全市在建房地产项目18个，建筑面积113万平方米，是2005年的10倍多。城区第三产业蓬勃发展，目前市城区饮食业、娱乐业、商贸业的从业户数以及个体工商户均为2005年的两倍多。总长203公里的绿道网加快建设，全市累计有165.2公里绿道建成投入使用。

六是“三农”工作稳步发展。“六个一”现代农业品牌效应凸显，农业产业化水平不断提升。大力抓好农田水利基础建设，在肇庆市率先完成省人大议案小型水库除险加固工程，联金大堤等重点水利工程建设进展顺利。农村道路硬底化建设加快推进，五年来，全市共投入资金1.51亿元，修建村级道路503.6公里。省卫生村、生态文明村建设取得显著成效，目前全市已建成省卫生村286个、生态文明村641个，投入近2 000万元开展了城乡环境卫生专项整治。总投资1 800多万元的金利、白土、白诸农村饮水安全工程全面完成。切实抓好农村泥砖房改造，我市的经验被全省总结推广。2010年，全市实现农业总产值72亿元，农民人均纯收入9 382元，分别同比增长1.6%和21.4%。

图2　黎雄才艺术馆

七是文化建设大力推进。制定推进文化强市建设规划，广泛开展群众性精神文明创建活动，省文明城市成果进一步巩固，城乡文明程度得到进一步提升。

市、镇、村三级公共文化服务体系进一步完善。大力发展“名人文化”，擦亮了“雄才故里，文化高要”品牌。20户以上有线电视“村村通”工程在全省山区县中率先完成，广播电视事业走在肇庆市前列。首期投资11亿元的端砚文化谷项目成功签约。与《南方日报》开展文化产业发展战略合作，开创了省县合作的文化产业发展新模式。

八是社会事业全面进步。教育事业取得新发展，创“省教育强镇”工作快速推进，全市有7个镇（街道）通过了专家组的验收。科技工作上新水平，卫生事业加快发展，计生工作跨入全省先进行列。扶贫开发“双到”工作取得阶段性成效，通过了省的考核并获得好评，17条贫困村和84.5%的贫困户实现了脱贫。经适房、廉租房建设任务全面完成。体育事业取得新成绩。环保工作取得新进展，金利、白土、新桥3个中心镇污水处理厂建设基本完成。此外，民主法治建设富有成效，党的建设进一步加强。

“与幸福对话——高要市践行社会主义核心价值体系”调查报告

为有效践行社会主义核心价值体系，高要市委宣传部联合肇庆学院文学院，组织“与幸福对话——高要市践行社会主义核心价值体系”大型社会调查活动。调查活动历时近半年（2011 年 3 月至 2011 年 9 月），本次调查由肇庆学院文学院组织 15 名教师、70 多名学生，经过系统的培训和各种前期测试后，在高要市委宣传部的组织配合下，随机选取 9 个乡镇，在 2011 年 8 月 22 日至 27 日这个时段，采取独立的民间的学术立场进行问卷调查。在各方的共同努力下，本次调查活动圆满完成，取得了丰硕成果。

图 3　高要市践行社会主义核心价值体系调查活动启动仪式（一）

图4　高要市践行社会主义核心价值体系调查活动启动仪式（二）

一、调查的背景与意义

自党的十六届六中全会明确提出"社会主义核心价值体系"概念迄今，有关社会主义核心价值体系的研究主要停留在学理层面，对其实践的探索较为薄弱。本调查以社会主义核心价值体系为理论指导，以肇庆高要市社会各阶层为对象，比较深入地了解在经济快速发展、社会剧烈转型的时代背景下，社会各阶层的价值观现状，探索公众认同、接受社会主义核心价值体系的情况。调查的意义集中于以下两个方面：

第一，选择高要市作为此次社会主义核心价值体系的调研对象，不仅对广东其他非核心珠三角城市具有参考价值，而且对与高要相似的中国其他城市也具有借鉴意义。

第二，探索"幸福广东"及"幸福高要"与社会主义核心价值体系的关联互动，希望通过对社会主义核心价值体系的调查与研究，为人民幸福生活的实现提供切实可行的实践方案，有效推动民众幸福生活的建设。

二、调查的目标与内容

本次大型社会调查的目标是考察社会各阶层（分9个阶层）在生活实践中对社会主义核心价值体系4大部分内容的主体认知及行为选择，进而探索社会主义核心价值体系被民众认同和接受的可能性及方法。

本次社会调查的内容分为两方面：一方面，针对与民众生活息息相关的社会主义核心价值体系内容展开调查，即“用马克思主义中国化最新成果武装全党、教育人民”，“用中国特色社会主义共同理想凝聚力量”，“用以爱国主义为核心的民族精神和以改革创新为核心的时代精神鼓舞斗志”，“用社会主义荣辱观引领风尚”四个方面如何转化为民众的生活态度与生活实践的问题展开调查；另一方面，紧扣高要各阶层群体在工作生活中所遇到的实际问题展开调研。

同时，本次社会调查还对高要市各阶层若干典型人物（典型事迹）展开深入访谈与调研，借此积累供相关管理部门参考的第一手资料。

三、调查的过程与方法

（一）调查过程（准备阶段、论证阶段、实施研究阶段、总结阶段）

本次调查始于2011年3月，高要市委宣传部委托肇庆学院文学院开展“高要市社会主义核心价值体系在社会各阶层中的接受现状”的调查，以便制订有针对性的宣传方案。本次调查由文学院独立开展，市委宣传部配合组织具体调查活动。文学院接到任务后，立即组织相关学科的教师组成课题组，课题组在深入学习社会主义核心价值体系有关理论知识，查询本课题国内有关的研究现状后，开始论证本课题研究的方式和路径，明确调查的重点和思路；组织了70人的跨专业、跨学科调查队伍；开展了“社会主义核心价值体系”、“当今中国社会问题与中国社会主义核心价值体系”、“高要市经济社会发展现状”、“社会调查的理论和方法”的系列培训；设计调查问卷；选取高要市回龙镇作为调查问卷的测试对象，检测问卷的有效性和针对性。本次社会调查的动员会于2011年8月20日和21日分别在肇庆学院和高要市委礼堂召开；8月22日至8月27日进行社会调查活动；9月进行问卷整理和统计，在具体调查数据分析的基础上，开展问卷各问题的分析；10月开始调查报告的撰写工作；12月完成调查报告的撰写任务。

（二）调查方法

1. 样本设计

本次调查充分考虑不同阶层的规模、分布状况以及不同乡镇的发展程度等因素。具体抽样过程如下：

（1）镇区的抽取。为了增强样本的科学性，抽样设计的标准是将高要市17个镇区按照经济发展的不同程度（发达、比较发达、欠发达）进行分类，依次从不同的类别抽取相应的3个镇区作为调研区域。

（2）单位的抽取。基于高要各乡镇经济发展的现状与区位功能，各镇区以其中一个阶层为主要的调研对象。具体到该阶层调研单位的抽取，尽可能多地选取不同的工作单位。在实践操作中，按照等距原则，根据各阶层调研的数量选取3~5个单位进行调研。

（3）调查对象的抽取。各单位调查对象采取随机抽样的原则，尽可能兼顾性别及年龄等样本指标的均衡性。

2. 变量测量

本次调研将社会主义核心价值体系内容分为4大板块：“马克思主义中国化的指导思想”、“中国特色的共同理想”、“以爱国主义为核心的民族精神和以改革开放为核心的时代精神”以及“社会主义荣辱观”。其中每一板块细分成若干层面进行考量。如“马克思主义中国化的指导思想”主要集中于对中国共产党、毛泽东思想、社会主义、科学发展观以及社会主义核心价值体系的认知；“中国特色的共同理想”集中于对共同富裕、理想社会期许、民主观念的认知态度和行为选择；“以爱国主义为核心的民族精神和以改革开放为核心的时代精神”集中于对改革开放新思想与传统观念的碰撞所作出的主体反应；“社会主义荣辱观”集中于公民道德层面的考量。

3. 资料收集

本次调查活动由经过专业培训的教师及学生实施，样本收集采用“一对一问卷调查、当场完成、当场检查、当场回收”的方式进行，填答问卷的时间为20~30分钟。本次问答共发出问卷1 000份，收回有效问卷984份，有效率为98.4%。样本的构成完全符合肇庆高要市各阶层、年龄段、性别的群体分布特征。样本的基本构成如下表所示：

表1 年龄

单位：人

选项	16岁以下	16~23岁	24~30岁	31~40岁	41~50岁	51~60岁	60岁以上
频数	64	115	173	216	194	130	76
占比	6.61%	11.88%	17.87%	22.31%	20.04%	13.43%	7.86%

表2　学历

单位：人

选项	小学	初中	高中（含中专）	大学（含专科）	硕士及以上
频数	190	352	227	193	6
占比	19.63%	36.36%	23.45%	19.94%	0.62%

表3　收入情况

单位：人

选项	1 000元及以下	1 001～2 000元	2 001～3 000元	3 001～4 000元	4 001～6 000元	6 000～8 000元	8 000元以上
频数	282	259	175	99	73	46	34
占比	29.13%	26.76%	18.08%	10.23%	7.54%	4.75%	3.51%

表4　阶层分布

单位：人

选项	科级及以上行政级别的干部	非私营企业部门经理及以上级别领导干部	私营企业主	事业单位工作人员及基层公务员	个体工商户	商业、服务业员工及产业工人	没有工作	学生	农民
频数	48	60	58	90	82	115	37	90	388
占比	4.96%	6.20%	5.99%	9.30%	8.47%	11.89%	3.82%	9.29%	40.08%

四、调查的结果与分析

根据调查的目标与内容以及变量测量的标准，在对问卷进行科学统计分析后，形成客观翔实的结论供有关管理部门参考。本结论按照调查问卷所设置的有关社会主义核心价值体系的4大板块内容予以概述：

（一）在坚持马克思主义指导思想的问题上，存在“坚持”与“游移”两种态度倾向

中国共产党的长期革命实践业已证明，马克思主义是我们的立党之基、立国之本，是社会主义意识形态的旗帜和灵魂。马克思主义的立场、观点方法是坚持解放思想、实事求是的思想路线，坚持勇于追求真理和探索真理的科学精神。建

党伊始，中国共产党坚持把马克思主义基本原理同中国具体实际紧密结合，继而形成了毛泽东思想、邓小平理论和“三个代表”重要思想、科学发展观和构建社会主义和谐社会等重大战略思想。因此，构建、践行社会主义核心价值体系的首要任务，是坚持马克思主义在意识形态领域的指导地位，坚持马克思主义中国化的两大重要理论成果——毛泽东思想和中国特色社会主义理论体系（包括邓小平理论、“三个代表”重要思想和科学发展观）。在当代中国，只有坚持用马克思主义中国化的理论成果武装全党、教育人民，马克思主义才能转化为我们的行动指南。如果动摇了马克思主义的指导地位，就会动摇中国特色社会主义的理论根基，动摇全党全国人民团结一致走中国特色社会主义道路的决心和信心。

在此次调查中，我们通过设计“对于家人、亲戚或朋友加入中国共产党，您的态度是____”（第 6 题）、“您认为现在提毛泽东思想是否已过时____”（第 9 题）、“您认为下列哪些内容是属于社会主义核心价值体系的____”（第 11 题）、“您是通过什么途径了解社会主义核心价值体系的____”（第 12 题）、“您认为政府宣传社会主义核心价值体系最主要的目的是____”（第 13 题）等问题来集中考量社会各阶层对马克思主义、毛泽东思想、“三个代表”重要思想的认知及态度。调查结果显示：在高要这个具有典型意义的县级市，社会主流的意识形态观是正确的，大多数人能认同并坚持以马克思主义为立党之基、立国之本。

通过调研我们也发现，个别民众对主流意识形态的体认存在一些盲点和误区，主要表现为对马克思主义中国化理论（毛泽东思想和中国特色社会主义理论体系）能否作为指导思想的问题，表现出认知上的游移甚至否定的倾向：

（1）对“加入共产党”持无所谓的态度。在中国固有的政治环境中，几乎以加入共产党为荣，这从一个侧面能看出老百姓对于共产党员群体的认知。对此，我们在调查问卷中设计了一道题：“对于家人、亲戚或朋友加入中国共产党，您的态度是____。”调查统计结果显示：选填“非常支持”答案的占 63.7%，选填“无所谓”答案的人占 26.4%，选填“反对”及“不支持”和“说不清”答案的人占 9.9%。值得思考的是，在选择“无所谓”的群体中，有 20.9% 的人为非中共党员（含预备党员）。这一方面反映人们价值观的多元化和复杂性，另一方面也意味着共产党员的先锋模范作用在基层的影响力尚有很大的空间值得挖掘。

（2）对毛泽东思想的时代意义持否定态度。毛泽东思想是在立足于中国实际基础上的马克思主义的第一次飞跃，曾指导我们国家在革命时期及社会主义建设时期赢得一个又一个的胜利，毛泽东思想对中国的影响是深远的。毛泽东思想在当下是否还具有现实指导意义？对此，我们在调查问卷中设计了这样一道题："您认为现在提毛泽东思想是否已过时?"调查统计结果显示，有73.3%的人认为毛泽东思想没有过时，但是仍有26.7%的人给出了毛泽东思想已经过时的答案和理由。由此可见，毛泽东思想的指导地位在思想多元化的今天面临严峻的挑战。如何巩固毛泽东思想的指导地位，挖掘毛泽东思想的精神活力，任重而道远。

(3) 对社会主义核心价值体系的认知比较模糊。本次调查设置了3道题目考量民众对社会主义核心价值体系内容的认知，分别为："您认为下列哪些内容是属于社会主义核心价值体系的?""您是通过什么途径了解社会主义核心价值体系的?""您认为政府宣传社会主义核心价值体系最主要的目的是什么?"调查统计结果显示：完全能答出4部分内容的占12.8%；答对的人群中，50.2%是通过开会得知的。由此可见，虽然社会主义核心价值体系提出的时间已有5年，但是大部分群众连内容都无法熟知，更谈不上接受和认同。社会主义核心价值体系真正深入人心，还有很长的一段路要走。

从以上3个方面可见出，在高要市各个阶层，仍有极少数人对作为立党与立国之本的指导思想——马克思主义、毛泽东思想以及中国特色社会主义理论体系，了解不多，认同度不高。这种思想倾向不仅存在于个别普通民众中，也存在于个别党员干部中。在个人访谈中，一名科级以上干部坦承，部分领导干部政治信仰不纯粹，思想杂念多；一位年轻的公务员曾坦言自己入党的动机并不纯粹，有功利因素。

尽管在是否坚持马克思主义指导思想这个问题上，不认可、不接受的人是少数。但问题在于，高要各个阶层在政治信仰上表现出一定程度的浅薄、冷漠的心态。在调研中，我们发现有部分基层公务员在做问卷时口是心非，没有如实填写内心的真实想法，比如有公务员在回答调查问卷问题"毛泽东思想是否过时了"时，半开着玩笑说："这还用说吗？只能按政策写，你敢说不是吗?"这种"不敢"的谨小慎微的心态，表明基层公务员对作为灵魂的社会主义指导思想的认同，其实并没有内化为个人真实的信仰，而是迫于体制压力所致。

高要各阶层出现的政治信仰游移或淡漠的现象，在全国范围内也一定程度地存在。造成这种现象的原因是多方面的，其中既与改革开放时代社会价值取向趋向多元的时代语境有关，也与改革开放后越来越多的西方文化价值流入有关，更与市场经济的负面效应有关。因此，当务之急是要通过各种有效方法，坚定民众的政治信仰，重新唤起他们对马克思主义、毛泽东思想与中国特色的社会主义理论的信仰热情。

（二）在树立中国特色的社会主义共同理想的问题上，出现“认同”与“怀疑”两种思想倾向

由56个民族组成的13亿中国人，只有铸就共同理想，才能共同前进。这个共同理想，就是在中国共产党领导下，走中国特色社会主义道路，实现中华民族的伟大复兴。而对于什么是社会主义、怎样建设社会主义等重大问题，在20世纪50年代到70年代，我们的认识并不深刻。改革开放30多年来，我们党带领人民不断探索和回答这个重大理论和实际问题，开创了中国特色社会主义道路（中国经验、中国模式），取得了举世瞩目的伟大成就。中国特色社会主义道路所取得的巨大成就，引起全世界的瞩目，特别是西亚与北非等发展中国家在其曲折的发展过程中逐渐认识到：走强国富民之路，并非只有美国模式，中国模式同样卓有成效。中国特色社会主义作为现阶段中国各族人民的共同理想，中国共产党要求全党、全民达成共识，并努力做到不动摇、不懈怠、不折腾，唯其如此才能使中国发展成为富强、民主、文明、和谐的社会主义现代化强国。

在调查中，我们选取了多道题目，从不同角度考量高要各阶层对中国特色的社会主义共同理想的认知与价值取向，其中既有对国家改革开放的基本国策的态度的考量，也有对共同富裕理念、民主观念等政治、经济、文化、思想等方面的价值态度的考量。具体的题目有：“与改革开放前相比，您觉得现在____（可多选）”（第5题）；“您认为基层干部应如何产生____”（第8题）；“您认为按照下列哪个原则分配社会财富最公平____”（第14题）；“如果您所在的镇区比较富裕，您是否愿意镇政府出钱帮助高要市不太富裕的区域____”（第15题）；“关于国家提倡的‘共同富裕’，您的观点是____”（第16题）；“与改革开放前相比，您觉得表达个人政治意见的途径____”（第17题）；“如果您对政府及其制定的政策有意见时，您会选择哪些途径表达____（可多选）”（第18题）；“今年政府提出建设‘幸福高要’，你认为‘幸福高要’建设应重点抓好哪几个方面的工作____（选三项）”（第22题）；“你认为有中国特色的社会主义应该是____（可多选）”（第23题）等。通过对调查结果的分析发现，无论是对国家改革开放的基本国策，还是对国家具体的政治、经济、文化、思想等，高要市9个阶层

群体均呈现出高度认同的总体趋向，突出表现在以下3个方面：

（1）对改革开放政策的认同。改革开放以来，我们国家各方面的发展均取得巨大进步，社会进步给国民带来了实惠，老百姓对此有目共睹，感同身受。调查统计中，94.7%的群众认为我们社会在各个方面均取得巨大进步，其中对经济发展的认同度最高，达到76.2%的认同率。这说明中国特色社会主义的共同理想不仅有厚实的实践基础，更有广泛的群众基础。

（2）对民主进步的认同。民主既是国家发展的目标，亦是社会进步的标志。对改革开放以来中国的民主化进程，大部分民众有目共睹。在第17题的考量中，57.9%的群众认为现在表达意见的途径比以前多，这对于要实现民主、富裕的国家来说，释放的是信心。在表达意见的途径上，大部分群众选择“向政府工作人员反映”（占45.0%），“拨打投诉电话”（占36.3%），“网络发帖”（占28.5%）3种方式，这说明群众的民主观念没有只停留在认知层面，而是已经深入到实践层面，由此表明他们在表达个人民主权利的方式上，选择更为理性的渠道。民众的合理选择有利于国家的民主建设。在干部的民主选举上，89.9%的群众选择基层民主投票。此数据表明：经过长期的舆论宣传和政治实践，在基层大力推行民主制度是完全可行的，这为我们探索如何推进民主进程提供了有益的经验。

（3）对以经济发展为中心与共同富裕理念的认同。社会机体的健全发展，仰赖于强大的经济实力。只有以经济建设为中心，才能不断提高人民群众的生活水平，最终实现共同富裕；才能促进社会全面进步，从根本上巩固和发展社会主义制度；才能不断增强我国的综合国力，提高我国的国际地位。

以经济发展为中心，实现人民生活的共同富裕，是中国特色社会主义共同理想的重要目标之一。在第23题“你认为有中国特色的社会主义应该是____（可多选）”的考量中，选择“生活富裕”的占65.6%；在第22题如何建设“幸福高要”问题的考量中，选择引进投资、发展经济的占50.9%，选择减税、增加个人收入的占44.6%。显然，在高要市百姓的眼中，经济建设仍然是头等大事，他们有着发展经济的强烈愿望，有着发家致富的主体意识。难能可贵的是，在经历“一部分人先富起来”的历史阶段后，高要人民的眼光更为宏远，视野更为开阔，内心怀有共同富裕的崇高理想。对于共同富裕之理想，他们无论是在信念还是行动上，都呈现出积极态度。在第16题“关于国家提倡的‘共同富裕’，您的观点是____”的考量中，60.4%的人坚信：只要国家富裕了，共同富裕完全能够实现。在对第15题"如果您所在的镇区比较富裕，您是否愿意镇政府出钱帮助高要市不太富裕的区域"的考量中，81.3%的人愿意政府帮助落后地区。这组数据充分表现了高要基层群众对中国特色社会主义共同富裕理想的高度认同。

综上所述，中国实施改革开放政策，并在社会建设各个方面取得了巨大成就，这是高要各阶层群众由衷拥护中国特色社会主义共同理想的根本原因。作为一根强大的精神纽带，中国特色社会主义共同理想把国家的发展、民族的振兴与个人的福祉紧密相连，因而具有强大的感召力和凝聚力。

此次调研，我们也发现，高要各阶层的个别群众，对中国特色社会主义共同理想能否成为凝聚当今国民向心力的共同理想，仍存有疑惑，主要体现在：

（1）对改革开放后中国的社会主义体制持怀疑态度。本次调研，我们针对高要各个阶层的不同特点，采用变量与定量调查研究方法，考量他们对改革开放后的中国社会体制的认知态度。对科级或以上干部阶层和基层公务员阶层，主要采用个别访谈方法，以求了解他们对当下中国社会体制的真实认知情况。通过访谈，我们发现基层干部或公务员对"改革开放后的中国社会形态是否还是社会主义"这个问题，是存有困惑与疑问的。市委某机关干部直言不讳地说，中国现在的社会实际上就是资本主义。此个案表明，目前在干部和基层公务员阶层，一定程度上存在着对中国社会主义体制的怀疑倾向。

在学生和个体工商户这两个阶层，在一定程度上存在着对社会主义信心不足的问题。当他们被问及对"只有社会主义才能救中国"这一问题的看法时，同意社会主义才能救中国的说法的，学生阶层只占46.7%，个体工商户阶层所占比例则更低，仅占35.4%。

"只有社会主义才能救中国"，这是中国人民恪守了几十年的政治信仰，但为什么在改革开放的今天遭受到质疑？对中国特色社会主义这一共同理想的认知，为什么仍然有部分基层群众难以与官方达成共识？其中原因颇值得深入分析。

（2）曲解"以经济发展为中心"的思想。在调研访谈中，某镇党委副书记曾意味深长地说："当前社会发展是畸形的，即政治和经济的发展是不平衡的，政治建设的诉求与发展民生的经济诉求是有矛盾的。"这种经济建设与政治建设失衡的状况，使他产生深深的思想困惑："为什么当前经济搞上去了，基层政治工作却不好做了？""为什么基层干部对上级布置的政治任务总是疲于应付？"调查统计数据表明，目前高要各阶层在践行中国特色社会主义共同理想时，存在着高度重视经济发展，而忽视社会全面平衡发展的倾向。例如，在第7题“您认为什么样的政府机关干部是好干部”的考量中，首选的是“能增加地方老百姓收入的干部”（占45.9%），次选的是“不贪污腐败的干部”（占32.6%），第三选择的是“能为地方引进投资项目的”（占10.8%）。由此说明：发展经济的能力，仍然是高要地区衡量干部素质的重要指标。在对第20题“对珠三角的工业转移到高要，您的看法是____”的考量中，选择“欢迎，有利于高要的经济发展”的占59.4%，而选择“不太欢迎的，虽然经济有所发展，但也带来环境污染”的占25.1%。数据表明，高要超过半数以上的老百姓在价值取向上向经济建设倾斜。

高要地区对发展经济高度认同的价值取向，无可厚非，但需谨防经济至上主义。因为经济至上的逻辑，有可能以“发展”的名义，破坏我们的幸福生活。中国特色社会主义作为一种全民族的共同理想，其价值取向从来都不是僵化单一的，而是开放多元的，体现的是以人为本、社会和谐的均衡发展理念。

（3）在财富分配方式上残存平均主义思想。在对“社会财富的分配”（第14题）问题的考量上，有31.5%的人选择按能力分配，但也有20.2%的人选择平均分配。这种平均主义思想应当引起我们的注意。按劳分配、多劳多得的原则，是社会主义国家分配的基本原则，但部分群众选择“平均分配”，究其原因，既与中国“不患寡而患不均”的传统文化长期浸染有关，也与改革开放造成贫富不均的社会现实有关。这种平均主义思想貌似符合公平理念，然而，中国60多年社会主义建设的历史教训告诉我们，平均主义绝不等于公平主义，提倡共同富裕也并不等于要提倡平均主义。历史实践业已证明，平均主义没有任何前途。

中国特色社会主义共同理想的实现是全民族的共同愿望，也是我们的奋斗目标。经过改革开放30多年的发展，共同理想在党的正确领导和全体人民的努力下，正逐步实现，这一点得到了高要绝大部分群众的认同。但在主流认同的基础上也存在一些问题，这些问题亦须引起重视，并着力解决。

（三）在培育以爱国主义为核心的民族精神和以改革开放为核心的时代精神的问题上，出现“守持”与“开拓”两种价值取向

以爱国主义为核心的民族精神和以改革创新为核心的时代精神，是社会主义核心价值体系的精髓。以爱国主义为核心的伟大民族精神，是我们国家各族人民团结一心、共同奋斗的价值取向；以改革创新为核心的时代精神则是我们国家改

革开放和现代化建设实践相结合的伟大成果，是各族人民不断开创中国特色社会主义事业新局面的强大精神力量。

本次调研对民族精神与时代精神的考量，主要集中于对爱国主义思想和时代精神的考量。其中，第 29 题"您觉得今天加强爱国主义教育是否有必要"侧重考察高要民众对爱国主义精神的重视程度。本次调研尤为重视对高要时代精神现状的考量，并细化到对改革开放时代的精神导向、科技与教育观念、信用观念、契约观念以及创新观念等方面，具体的题目有："对我国向日本地震捐款，您如何看____"（第 24 题）；"您认为外来人口（非广东人口）对高要市社会经济文化发展如何____"（第 25 题）；"您对高要市一些农民到海外种菜淘金如何看____"（第 26 题）；"在生活中，您最欣赏的谋生手段是____"（第 33 题）；"您愿意将孩子培养成什么样的人____"（第 34 题）；"您已签了合同的房子一个月内降价很多，您觉得____"（第 36 题）；"您觉得我们社会的诚信状况怎么样____"（第 38 题）；"如果丧失部分诚信，能够获得丰厚利润，您会____"（第 39 题）；"您觉得人生应该追求的目标有____（选三项）"（第 43 题）等。从高要各阶层对上述问题的回答中可见：在民族精神与时代精神的培育上，高要社会各阶层均呈现出良好的风貌，他们不但能坚守优秀的民族传统精神，亦表现出雄健自信、开放创新的时代精神，具体表现在：

（1）爱国主义精神薪火相传。爱国主义是千百年来传承下来的对祖国的一种最深厚的感情。为考察高要各阶层的爱国主义精神现状，本次调研特设"您觉得今天加强爱国主义教育是否有必要"（第 29 题）的问题加以考量。调查统计结果表明：75.4% 的人认为有必要加强爱国教育，12.9% 的人选择"没什么必要，现在大部分人还是很爱国的"。不管是认为"有必要加强"的观点中所透露的焦灼，还是认为"没必要加强"的观点中所透露的自信，均表达了高要各阶层对中华民族发自内心的爱。令人欣喜的是，被高要社会各阶层所广泛认同的爱国主义精神，在高要改革开放事业的伟大实践中，进一步与维护党的领导和社会主义制度的统一、拥护中国特色社会主义共同理想、推进中华民族的伟大复兴等社会主义核心价值体系相融合，从而呈现出与时俱进的新内涵，为高要建设提供了强大的精神原动力。

（2）传承与发扬广东传统的务实精神。问卷统计数据显示，高要人在人生追求上传承了广东特有的务实精神。在对"您觉得人生应该追求的目标是____（选三项）"（第 43 题）这个问题的回答中，占比例最高的前 3 项依次是"健康"

(72.8%)、“家庭”(64.9%)、“事业”(55.9%)。这表明，在改革开放时代，尽管有多种价值观影响着人们，但高要市的绝大多数群众仍然倾向于选择健康、家庭及事业等3项最务实的人生追求目标。

(3) 知识经济改变人们的思维方式和价值观念。知识经济是以知识为基础的经济，它是与农业经济、工业经济相对应的一个概念，是一种新型的富有生命力的经济形态。当前，知识经济正逐渐替代工业经济，成为当今世界经济形态的主旋律。知识经济的兴起，使人们的思维方式、价值观念发生重大转变。本次调研统计结果显示，随着知识经济时代的到来，高要人的科技与教育意识、开放意识、创新意识等有较为明显的增强。

一是科技和教育意识不断增强。本次调查设置了“如果高要市评选‘十佳市民’，您认为哪些人最符合要求____(选三项)”(第21题)、“在生活中，您最欣赏的谋生手段是____”(第33题)、“您愿意将孩子培养成什么样的人____”(第34题)、“您觉得人生应该追求的目标有____(选三项)”(第43题)等题目，借此考量高要各阶层群体的科技和教育意识。调查统计结果表明：70.1%的人认为“勤奋钻研科技的专业人员”是“十佳市民”的首选；51.2%的人认为“知识技能”是他们最欣赏的谋生手段；73.0%的人希望子女是“有知识文化的人”，这个比例远高于希望子女“能够赚大钱”(仅占13.8%)与希望子女“拥有大权”(仅占7.1%)的比例。

二是人们日渐形成一种全新的开放意识。为了考察高要社会各阶层在改革开放年代的社会心态，本次调研设置了“对我国向日本地震捐款，您如何看____”(第24题)、“您认为外来人口(非广东人口)对高要市社会经济文化发展____”(第25题)、“您对高要市一些农民到海外种菜淘金如何看____”(第26题)等题目加以考量。调查统计结果表明：高要民众具有良好的开放心态，例如，在对日捐款的问题上，57.0%的人认为应该提供帮助。这个数据表明：高要民众能够超越中日之间的历史恩怨，以开放的心态和理性的目光来处理国际问题；在对待外来人口的态度上，认为外来人口对广东发展有贡献的占绝大多数，认为没有贡献的仅占3.4%；对高要市一些农民到海外种菜淘金的态度，将近3/4的人认为“很正常，这也是一种谋生途径”，仅有不到6.7%的人认为“不好，漂洋过海风险很大”。这两组数据亦证明高要人拥有开放的心态。

三是人们的创新意识逐步增强。为了更好地考察知识经济时代中高要各阶层的创新意识，本次调研设置了“当下社会有很多山寨产品，您的态度和行动是____”（第 27 题）、“您觉得中国人的创新意识与创新精神如何____”（第 28 题）等问题来加以考量。调查统计结果显示：对山寨产品，47.4%的人选择“非常反对，也不会买”；24.4%的人选择“会买，但是觉得不太好”；选填“无所谓，便宜就好”和“无所谓”的各占 14.3%与 13.9%。对中国人创新意识和创新精神的看法，35.3%的人认为“中国人不仅勇于创新而且善于创新”；29.2%的人认为“中国人太注重眼前利益，缺乏长远眼光”；20.4%的人认为“中国人也想创新，但创新投入成本太高，风险太大”。上述统计数据亦表明，高要人的创新意识正逐步增强。

（4）信用观成为绝大多数人的共识。在市场经济年代，信用越发凸显其重要性，这是社会发展使然，也是时代精神的表征。本次调研对信用观的考量，集中于“您觉得我们社会的诚信状况怎么样____”（第 38 题）与“如果丧失部分诚信，能够获得丰厚利润，您会____”（第 39 题）两个题目。前者考察信用态度，后者考察信用行为。调查统计结果表明：在对社会诚信度的认知上，只有 15.7%的人认为当今社会大部分人不讲诚信；在具体的行为选择上，只有 5.2%的人选择“选择利润，放弃诚信”。两组数据充分证明：在经过市场经济洗礼的高要，信用逐渐成为大多数人的价值共识。

（5）契约观念需进一步加强。契约观念是西方民主社会发展的产物，改革开放以后逐步为我国所重视，其概念的外延与信用观念有相通之处，但内涵稍有不同。本次调研设置了“您已签了合同的房子一个月内降价很多，您觉得____”（第 36 题）的问题来考量市场经济时代高要人的契约观念。调查统计结果显示：面对签约房子一个月内价格剧降的事实，46.5%的人认为这是“正常现象，接受无奈的现实”；27.6%的人觉得“很难过，但是已经签了，只能按照合同价格付款”；14.5%的人选择“自己上当受骗，要求房产商取消合同”。数据表明：在高要至少还有 42.1%的人尚未真正建立市场经济社会所需的契约观念。为此，我们认为高要仍需大力培育民众的契约精神，方能适应市场经济社会发展的需要。

综上所述，高要人在改革开放的伟大实践中，既能坚守本民族的优秀传统，亦不断培育、生成以改革创新为核心的“与时俱进、开拓进取、求真务实、奋勇争先”的时代精神，并将以爱国主义为核心的民族精神与以改革创新为核心的时代精神相互融合，从而使高要人在改革开放历史进程中始终迸发出无限的生机与活力。

（四）在树立和践行社会主义荣辱观问题上，出现“传承”与“失范”两种价值倾向

社会主义荣辱观是社会主义核心价值体系的基础，是与社会主义市场经济相适应、与社会主义法律规范相协调、与中华民族传统美德相承接的社会主义思想道德体系。社会主义荣辱观旗帜鲜明地指出了在社会主义市场经济条件下，应当坚持和提倡什么、反对和抵制什么，为全体社会成员判断行为得失、确定价值取向提供了基本准则和行为规范，为引领社会风尚树起了一面旗帜。总体来看，当代大众道德风貌的主流是好的，但在社会生活某些领域和部分人群中，确实存在不明是非、不知荣辱、不辨善恶、不分美丑、把腐朽当神奇、把庸俗当崇高、把谬误当真理的不健康现象。这种现象与社会主义理想目标格格不入，与社会主义文明风尚极不协调。

本次调研主要通过人们在日常生活中的道德判断及行为规范，来考察高要人树立和践行社会主义荣辱观的情况。具体设置了5道题目：“您最欣赏别人的品性是____”（第31题）；“您最讨厌别人的品性是____”（第32题）；“假如在闹市上看到无辜的人被打，您会____”（第40题）；“下面哪些行为，您认为是不文明的行为____”（第41题）；“在下列关于‘道德’的行为中，您认为您做得比较好的有____（可多选）”（第42题）。通过调查数据分析，我们看到高要地区践行社会主义荣辱观的情况与全国其他地区的情况大体相同，但也体现出高要的地方特色，其表现为：

（1）传统道德保留得较好。为了考察高要地区对中华民族的传统道德（如仁、义、理、智、信、忠、孝、诚、廉、勤等）的传承情况，本次调研设置了“您最欣赏别人的品性是____”（第31题）；“您最讨厌别人的品性是____”（第32题）；“如果丧失部分诚信，能够获得丰厚利润，您会____”（第39题）；“在下列关于‘道德’的论述中，您认为您做得比较好的有____（可多选）”（第42题）等题目。调查统计结果显示：“最欣赏别人的品性”选项中占比最高的前三位依次是“礼貌”（27.2%）、“宽容”（15.3%）、“守信”（13.2%）；“最讨厌别人的品性”选项中占比最高的前三位依次是“虚伪”（24%）、“不守信”（22.7%）、“自私”（21.6%）；当诚信与利润发生冲突的时候，48.5%的人会选择“任何情况下都会选择诚信，放弃利润”；在选择“做得比较好的道德行为”中，83.9%的人选择了“孝顺老人”。可见，高要地区对信、孝、诚等传统美德

表现出积极的认同态度。

（2）部分传统道德观念日渐弱化。在对“您最欣赏别人的品性是____”（第31题）问题的考量中，在“最欣赏别人的品性”中位居前三名的是“礼貌”（27.2%）、“宽容”（15.3%）、“守信”（13.2%），其中选择勤劳、节俭、善良等传统美德的人数均不超过10%。这表明，高要地区部分传统道德观念日渐弱化。

（3）道德意志力薄弱与道德行动力缺失。市场经济的负面效应导致当下社会道德的滑坡。心灵的迷惘、道德意志力薄弱、道德实践能力缺失等，成为当今中国社会道德价值失范的重要表征。在对“假如在闹市上看到无辜的人被打，您会____”（第40题）问题的考量中，仅有36.2%的人选择“挺身而出”；28.1%的人表示“说不清”；25.7%的人选择“假装看不见，但内心会内疚”；10.0%的人表示“不关我的事”。见义勇为本是人的一种自觉的崇高的道德行为，选择“说不清”，说明这类人面对此道德情境，没有形成明晰的道德意识，也难以作出行为的选择；选择“假装看不见，但内心会内疚”，说明这类人内心有善恶的道德情感，但不愿转化为现实的道德行为；选择“不关我的事”，说明这类人内心基本的道德价值准则的缺失。将几个数据进行比照，折射出高要尚有部分民众存在道德意志力薄弱、道德行动力及基本道德准则缺失的问题。更令人深思的是，如果把此题与第22题“今年政府提出建设‘幸福高要’，你认为‘幸福高要’建设应重点抓好哪几个方面的工作____（选三项）”，以及第23题“您认为中国特色社会主义社会应该是____（选三项）”相互比照，则不难看出，高要民众在道德上有“搭便车”思想——人人都盼望有一个良好的道德环境，但不愿成为道德的实践者。他们对中国特色社会主义与幸福高要的诉求是全方位的，涉及生活富裕、政治民主、法制健全、和平稳定、人人平等多方面内容；换句话说，他们对利己的诉求是强烈的，但在面对利他不利己（如见义勇为）的道德选择时，他们却不愿付出自我。

如何处理利己与利他的关系具有重要的道德内涵。道德隐含利己性，利己性是一种自然人性，然而道德又具利他性。个体是群体的一分子，个人只有为他人作出贡献，才有可能从社会整体中获益。道德意志力与实践力疲软、利他思想缺失的现实不断警醒我们，树立和践行社会主义荣辱观仍然任重而道远。

五、对策与建议

通过对高要市9大镇区的问卷调查和个访材料的深入分析，我们发现，高要各阶层践行社会主义核心价值体系卓有成效。社会主义核心价值体系已深入高要人的内心，他们不但拥护马克思主义指导思想，认同中国特色社会主义共同理想，肯定以爱国主义为核心的民族精神和以改革开放为核心的时代精神，接纳社会主义荣辱观，而且社会主义核心价值体系已经转化为他们的实践能力，在振兴中华民族的伟大事业中发挥越来越重要的作用。但高要在构建社会主义核心价值体系、践行社会主义核心价值理念上，也存在一些问题：对社会主义核心价值体系的认识仍停留于意识形态宣传层面，未能与百姓日常生活有机结合；部分干部群众对社会主义核心价值体系内容知之甚少；有些干部群众政治信仰游移，理想认同困惑，民族精神淡薄，时代精神欠缺，民众道德意志力薄弱，道德实践力匮乏。凡此种种，均表明当前高要在践行社会主义核心价值理念上，存在的最大难题是社会主义核心价值体系大众化程度不高，实效性与长效性亟待加强。大众化是社会主义核心价值体系的内在属性和本质要求，指的是社会主义核心价值理念从抽象到具体、从深奥到通俗、从意识形态宣传到群众自觉认同的过程。社会主义核心价值体系作为主流意识形态，在转化为社会公众的自觉意识和行动的过程中，需要公众切身地感知认同与自觉接受。大众化之路是确保践行社会主义核心价值理念的实效性与长效性的必由之路。

为促进高要社会主义核心价值体系大众化建设的实效性与长效性，我们在综合考察当下国情与高要市情、民情基础上，建设性地提出如下基本原则、总体思路与具体对策。

（一）三个基本原则

一是通俗化。通过调研发现，国家提出社会主义核心价值体系已逾5年，但在高要只有12.8%的受访者能够准确回答社会主义核心价值体系的全部内容；其中有超过一半的受访者是通过本单位的政治学习而知悉社会主义核心价值体系的，超过一半的受访者是通过央视传媒知悉。这说明社会主义核心价值体系在高要还处于政治意识形态宣传层面，尚未真正走进基层。其首因是，社会主义核心价值体系的理论性强，不够通俗，与基层群众的广泛接受有一定距离。因此，转变传统的理论宣传模式，构建通俗化的话语体系，是提升社会主义核心价值体系大众化水平的首要原则。具体来说，就是要注重社会主义核心价值体系理论通俗读物的数量和质量，搭建老百姓所喜爱的宣教平台，建立老百姓所喜欢的宣教载体，创新老百姓能够接受的宣教手段与方法。就高要而言，一方面需继续利用那些行之有效的传统方式，如纸质媒体、广播电视、政治学习、标语横幅、学习园地等；另一方面需积极利用互联网、手机等新兴传媒手段，同时利用高要百姓所喜爱的民俗节庆活动，如曲艺汇演、茶果节、出菩萨、行村、花灯节、龙舟节、开耕节、观音诞、孔子诞、重阳节等，力争以老百姓喜闻的通俗语言和老百姓乐见的方式，深入浅出地向他们宣传社会主义核心价值理念，以使老百姓能够切身体会社会主义核心价值理论的内涵。

二是民生化。所谓民生，是指民众的基本生存和生活状态，以及民众的基本发展机会、基本权益保护的状况等。要真正建立起社会主义核心价值体系在社会生活中的主导地位，需把社会主义核心价值体系的文本存在状态（主流媒体话语与各级学校的思想政治教育）转变为民众的生活实态。对此，最有效的方法即是让老百姓发自内心地对社会主义核心价值体系产生情感认同，进而生发政治认同。从调查统计数据可见，欲使社会主义核心价值体系深入民众人心，需要认真解决老百姓的民生问题，让老百姓真正得到实惠。民生是社会和谐稳定的前提，是社会管理的基础。鉴于民生问题的基础性意义，践行社会主义核心价值体系需要接近民生，这意味着要从老百姓中存在最普遍、愿望最迫切、感受最深刻的问题入手，要把群众关注、期盼的民生问题如土地、收入、教育、医疗、住房、社会保障、环保等当作问题的焦点；也意味着要努力挖掘民生问题背后所体现的核心价值理念，赋予民生建设活动以“社会主义核心价值”的意义。总之，只有紧扣民生主题，社会主义核心价值体系的弘扬才能凸显出实效性、长效性。

三是地方化。优秀的地方文化传统是构建社会主义核心价值体系的基因，老百姓对本土文化有一种天然的亲近感与认同感。因此，践行社会主义核心价值体系需要利用老百姓对本土文化的认同感。高要建县于汉元鼎六年（公元前111年），历史悠久，既有高要学宫、文明塔、巽峰塔、伍家祠等物质文化遗产，也有舞狮、舞龙、武术、龙舟、粤剧、粤曲、端砚、花席、洋篮、红木雕刻等非物质文化遗产。同时，高要名人荟萃，英贤辈出，陈希迁、苏廷魁、吴桂丹、蔡九仪、陈焕章、吴大猷、黎雄才等，是老百姓学习的楷模。此外，在长期的历史发展中，高要培育出崇高的民族气节和光荣的革命传统。因此，重视与发挥地方历史文化的教化作用，有利于社会主义核心价值体系的践行。

（二）总体思路

为促进高要社会主义核心价值体系大众化建设的实效性与长效性，根据上述基本原则，结合高要的市情与民情，我们提出的总体思路是：策划并开展一场覆盖高要各阶层的“高要乡村文明行动”，这场运动建设周期为5年。在未来5年内，以“高要乡村文明行动”为主题，从队伍建设、阵地建设、活动策划、科学总结、效果测评5个方面全面铺开高要社会主义核心价值体系的建设工程，力争从精神层面、物质层面、制度层面与载体层面，探索出一整套创新与完善社会主义核心价值体系建设的有效模式。

（三）具体方案

未来5年，开展“高要乡村文明行动”活动，具体活动方案可概括为如下“七个一”：

1. 提炼“一套”切近高要精神的社会主义核心价值体系的“个性话语”

社会主义核心价值体系内涵丰富，但其理论表述稍显复杂，不便于群众理解、记忆与传播。为让群众更好地理解、掌握与实践社会主义核心价值体系的精髓和实质，需要提炼出一套通俗易懂、方便记忆的社会主义核心价值体系的“个性话语”。此“话语”必须能被高要民众广泛认同，经得起实践和时间检验，对高要的经济社会与人的发展具有积极导向作用，又具有政治意义、学理基础和实践价值。故此，我们认为应从高要的历史性、现实性、引导性、长期性、开放性和动态性等方面来加以提炼，其中既要针对当前高要民众最关心的普遍问题、核心问题，又要体现社会主义的基本原则、本质特征和时代要求；既要关注高要的历史底蕴，又要放眼高要的未来取向，努力做到高要精神与社会主义核心价值的协调、国家共性与高要个性的兼容、历史底蕴与未来取向的统一、广东特色与高要气质的融合。

提炼高要核心价值观，可采用专家研讨、征求意见、投票评选、征询意见等方法，尤其是要集纳民智，充分发动民间进行讨论、评选，选出一系列深入民心的关键词或核心理念。只有经过群众自我提炼出来的核心价值观，才能激发他们对核心价值体系的共识与认同。凝练社会主义核心价值体系的过程，也是民众学习社会主义核心价值体系理论的过程。

关于高要核心价值观个性表述候选语的确定，可参考高要历史发展的人文命脉，本次调研所关涉的3组关键词（“是与非”、“礼与让”、“乐与进”），以及高要“十二五”规划对高要未来5年发展定位的表述（“加快转型升级，建设幸福高要”与“宜居宜商，人文高要”）来确立，亦可参考广东精神的表述语（“敢为人先，务实进取，开放兼容，敬业奉献”）来确立，还可参考当前中国各城市对“城市精神”的表述语（如北京精神、武汉精神、天津精神，深圳十大观念）等来确立。

2. 编写“一本”《社会主义核心价值体系高要通俗读本》

目前关于社会主义核心价值体系理论的通俗读物很多，比如《社会主义核心价值体系读本》、《中国特色社会主义理论体系学习读本》、《社会主义核心价值体系学习读本》、《社会主义核心价值体系通俗读本》、《社会主义核心价值体系职工读本》、《君子爱财，取之有道——社会主义核心价值体系与乡村经济生活》等，这些读物结合世情、国情和党情的新变化，用图文并茂的形式深入浅出地讲解社会主义核心价值体系提出的背景、内涵及其践行机制，有的还对不同阶层的核心价值观作了精彩的阐述，有较强的针对性和说服力。我们可参照上述理论读物，编写一本《社会主义核心价值体系高要通俗读本》。与其他理论通俗读物不同，该书应凸显高要特色，即从高要的历史文化与社会发展实际中挖掘素材，以高要的历史名人和现实先进人物为典型个案，以通俗易懂的语言、图文并茂的形式，探讨各阶层在践行社会主义核心价值理念过程中所遇到的问题，讲解社会主义核心价值体系提出的背景、内涵以及践行机制，阐释高要民众评选出来的高要核心价值观。

3. 组织“一百场”“与幸福对话：社会主义核心价值体系百人讲堂”报告会

精选一百个特色人物，组织一百场社会主义核心价值体系的巡回讲演。其中既可以是外聘专家、宣讲成员对社会主义核心价值体系深入浅出的生动讲演，也可以是高要地区践行社会主义核心价值体系的先进者、受益者的经验之谈，更可以是迷惘者、困惑者讲述他们在社会主义核心价值体系的感召下的思想转化。其目的是通过这一百个特色人物的精彩讲述，向广大民众近距离阐释社会主义核心价值体系的基本内涵与精神实质，从而发挥其价值引导作用。

4. 录制与播放“一系列”微电影

微电影（Micro Film），即微型电影，指专门运用在各种新媒体平台上播放的、适合在移动状态和短时休闲状态下观看的、具有完整策划和系统制作体系支持的具有完整故事情节的“微（超短）时”（30~300秒）放映、“微（超短）

周期制作（1～7天或数周）”和“微（超小）规模投资（几千～数千/万元每部）”的视频（“类”电影）短片，可以单独成篇，也可系列成剧。微电影以低门槛、互动性迎合了新经济时代人们追求精神自由和互动体验交流的感性诉求，广受人们欢迎。

这一系列的微电影制作，在内容上以高要地区在践行社会主义核心价值体系过程中的是是非非为基本内容，可以是一个主人公、一家人、一个办公室、一个单位、一个村庄的故事；影片长度为15分钟左右；微电影脚本既可以播放现成的，也可以自己制作；既可在高要本地的立体媒体，如电视台、政府网站、社会主义核心价值体系建设门户网站、手机等上播放，也可以在全国几大著名的视频门户网站如优酷、搜狐视频、腾讯视频、酷六网等上播放。

5. 打造“一个”传播社会主义核心价值体系、繁荣城乡文化的大舞台

一方面继续完善高要已有的送戏下乡、送电影下乡、农村数字电影放映工程、送欢乐下基层等文化活动，将送文化下乡活动与践行社会主义核心价值体系紧密结合起来；另一方面，充分利用乡镇演艺舞台，针对不同目标观众，自编自演一系列高要乡村文明情景剧，形象生动地阐释社会主义核心价值体系的基本内涵。

6. 每年开展“一次”践行社会主义核心价值理念的年度先进人物评选活动

未来5年，高要市每年将开展“身边的感动——践行社会主义核心价值理念的年度先进人物”评选活动。先进人物的推选范围为高要市九大阶层的所有成员；推选条件要求坚决拥护中国共产党的领导，坚持中国特色的社会主义制度，积极践行社会主义核心价值理念，立足本职工作，取得不凡的工作业绩，被社会所广泛认可，在社会具有较强的影响力和较高的威望。先进人物评选出来后，在高要市、肇庆市媒体开辟专栏，集中介绍先进人物事迹，并采取多种形式，对先进人物予以宣传，借此扩大社会主义核心价值体系的影响力。

7. 创建“一个”高要社会主义核心价值体系建设的门户网站

创建一个高要社会主义核心价值体系建设的门户网站，网站内开辟若干板块，全方位报道高要建构社会主义核心价值体系、践行社会主义核心价值体系的情况，上述开展的“六个一”活动的影音、影像、文字资料也可放在此门户网站上。

经过5年时间的社会主义核心价值体系的宣传和建设，高要市将在精神文明、价值信仰、社会和谐、文化繁荣等诸项指标中跻身中国文明城市行列，并探索出一条适合中国县级市的“文化强市”的路径和经验，总结出“文明高要”的模式，推动高要经济社会发展进入新阶段。

“与幸福对话——高要市践行社会主义核心价值体系”调查问卷基本数据统计

（1）基本情况。

性别

选项	男	女
频数	605	363
占比	62.5%	37.5%

年龄

选项	16岁以下	16~23岁	24~30岁	31~40岁	41~50岁	51~60岁	60岁以上
频数	64	115	173	216	194	130	76
占比	6.61%	11.88%	17.87%	22.31%	20.04%	13.43%	7.86%

学历

选项	小学	初中	高中（含中专）	大学（含专科）	硕士及以上
频数	190	352	227	193	6
占比	19.63%	36.36%	23.45%	19.94%	0.62%

宗教信仰

选项	有	无
频数	104	864
占比	10.7%	89.3%

(2) 您是否为中国共产党党员（含预备党员）？

选项	是	否
频数	303	665
占比	31.3%	68.7%

(3) 阶层分布。

选项	科级及以上行政级别的干部	非私营企业部门经理及以上级别领导干部	私营企业主	事业单位工作人员及基层公务员	个体工商户	商业、服务业员工及产业工人	没有工作	学生	农民
频数	48	60	58	90	82	115	37	90	388
占比	4.96%	6.20%	5.99%	9.30%	8.47%	11.89%	3.82%	9.29%	40.08%

(4) 收入情况。

选项	1 000元及以下	1 001 ~ 2 000元	2 001 ~ 3 000元	3 001 ~ 4 000元	4 001 ~ 6 000元	6 001 ~ 8 000元	8 000元以上
频数	282	259	175	99	73	46	34
占比	29.13%	26.76%	18.08%	10.23%	7.54%	4.75%	3.51%

(5) 与改革开放前相比，您觉得现在（可多选）？

选项	物质生活上得到了改善	社会更加开放	受教育的机会增多	文化娱乐活动丰富	就业机会增多	没有任何改变
频数	738	628	631	535	466	51
占比	76.2%	64.9%	65.2%	55.3%	48.1%	5.3%

(6) 对于家人、亲戚或朋友加入中国共产党，您的态度是：

选项	非常支持	不支持	无所谓	反对	说不清
频数	617	26	256	15	54
占比	63.7%	2.7%	26.4%	1.5%	5.7%

(7) 您认为什么样的政府机关干部是好干部?

选项	能为地方引进投资项目的干部	能增加地方老百姓收入的干部	不贪污腐败的干部	说不清
频数	105	444	316	103
占比	10.8%	45.9%	32.6%	10.7%

(8) 您认为基层干部应如何产生?

选项	上级领导内定	上级领导推荐	基层民主投票	上级领导推荐与基层民主投票相结合
频数	33	64	456	415
占比	3.4%	6.6%	47.1%	42.9%

(9) 您认为现在提毛泽东思想是否已过时?

选项	是	否
频数	258	710
占比	26.7%	73.3%

(10) 您认为党的“三个代表”重要思想中哪一个最重要?

选项	代表中国先进生产力的发展要求	代表中国先进文化的前进方向	代表中国最广大人民的根本利益	说不清
频数	107	98	634	129
占比	11.1%	10.1%	65.5%	13.3%

(11) 您认为下列哪些内容是属于社会主义核心价值体系的(可多选)?

选项	马克思主义指导思想	中国特色社会主义共同理想	以爱国主义为核心的民族精神和以改革创新为核心的时代精神	以“八荣八耻”为主要内容的社会主义荣辱观	根本不了解
频数	382	550	603	404	153
占比	39.5%	56.8%	62.3%	41.7%	15.8%

(12) 您是通过什么途径了解社会主义核心价值体系的（可多选）?

选项	开会	央视新闻或者国家权威报刊	高要市的电视新闻	网络	闲谈	说不清
频数	259	580	413	412	172	153
占比	26.8%	59.9%	42.7%	42.6%	17.8%	15.8%

(13) 您认为政府宣传社会主义核心价值体系最主要目的是:

选项	稳定和巩固国家政权	防止群众道德滑坡	仅仅是个宣传口号，没什么特别的目的	说不清
频数	569	169	71	159
占比	58.8%	17.5%	7.3%	16.4%

(14) 您认为按照下列哪个原则分配社会财富最公平?

选项	平均分配	学历高低	能力大小	权力大小	贡献大小	工作时间长短	资本多少	说不清
频数	196	74	305	19	185	47	11	131
占比	20.2%	7.6%	31.5%	2%	19.1%	4.9%	1.1%	13.6%

(15) 如果您所在的镇区比较富裕，您是否愿意镇政府出钱帮助高要市不太富裕的区域?

选项	愿意	不愿意	说不清
频数	787	59	122
占比	81.3%	6.1%	12.6%

(16) 关于国家提倡的“共同富裕”，您的观点是:

选项	只要国家富裕了，共同富裕还是能够实现的	即使国家富裕了，共同富裕也不可能实现	说不清
频数	585	261	122
占比	60.4%	27%	12.6%

(17) 与改革开放前相比，您觉得表达个人政治意见的途径:

选项	比以前多	比以前少	差不多	说不清
频数	585	261	122	119
占比	60.4%	27%	12.6%	12.3%

(18) 如果您对政府及其制定的政策有意见时，您会选择哪些途径表达（可多选）：

选项	上访	写匿名信	网络发帖	拨打投诉电话	诉诸法律	私下发牢骚	向政府工作人员反映	其他
频数	254	177	276	351	188	201	436	134
占比	26.2%	18.3%	28.5%	36.3%	19.4%	20.8%	45.0%	13.8%

(19) 日常生活中，以下哪些保护环境的行为您会经常做（可多选）：

选项	随手关灯	随手关水龙头	用环保袋购物	多步行，骑单车或者乘公交，少开车外出	不使用一次性筷子	不吃野生动物	不乱扔垃圾	纸张双面打印	把旧物捐给有需要的人重复使用
频数	759	791	543	385	253	302	626	217	203
占比	78.4%	81.7%	56.1%	39.8%	26.1%	31.2%	64.7%	22.4%	21.0%

(20) 对珠三角的工业转移到高要，您的看法是？

选项	欢迎，有利于高要的经济发展	不太欢迎，虽然经济有所发展，但也带来环境污染	非常不欢迎，对高要的生态环境非常有害	说不清楚，对我有利，我就欢迎，对我无利，我就反对
频数	575	243	63	87
占比	59.4%	25.1%	6.5%	9.0%

(21) 如果高要市评选“十佳市民”，您认为哪些人最符合要求（选三项）：

选项	勤奋钻研科技的专业人员	爱岗敬业的普通劳动者	发家致富的能手	见义勇为的道德楷模	执政能力强的官员领导	为高要市创造巨额利润的企业家
频数	679	654	384	615	318	230
占比	70.1%	67.6%	39.7%	63.5%	32.9%	23.8%

(22) 今年政府提出建设“幸福高要”，您认为“幸福高要”建设应重点抓好哪几个方面的工作（选三项）?

选项	多引进投资，加快发展地方经济	各方面减税，增加个人收入	加快市政基础工程建设	加强生态环境保护	改善社会治安环境	提升基础教育的质量	抑制物价尤其是房价的增长	解决看病难、看病贵的问题	关心弱势群体，多建廉租公租房	多些文化娱乐活动丰富群众生活
频数	493	432	222	314	435	255	185	398	106	53
占比	50.9%	44.6%	22.9%	32.4%	44.9%	26.3%	19.1%	41.1%	11.0%	5.5%

(23) 您认为有中国特色的社会主义社会应该是（可多选）:

选项	生活富裕	政治民主	法制健全	和平稳定	人人平等	说不清
频数	635	573	566	674	615	56
占比	65.6%	59.2%	58.5%	69.6%	63.5%	5.8%

(24) 对我国向日本地震捐款，您如何看?

选项	应该，日本是我们的邻居，应该为他们提供帮助	不应该，日本曾经侵略过我国，不应该帮助他们	说不清
频数	552	217	199
占比	57.0%	22.4%	20.6%

(25) 您认为外来人口（非广东人口）对高要市社会经济文化发展如何?

选项	作出了很大贡献	有些作用，但也给社会治安带来负面影响	没有作用	说不清
频数	407	406	32	121
占比	42.1%	42.0%	3.4%	12.5%

(26) 您对高要市一些农民到海外种菜淘金如何看:

选项	很羡慕，可以出国	很正常，这也是一种谋生途径	不好，漂洋过海风险很大	说不清
频数	108	725	65	70
占比	11.2%	74.9%	6.7%	7.2%

(27) 当下社会有很多山寨产品，您的态度和行动是：

选项	无所谓，便宜就好	会买，但是觉得不太好	非常反对，也不会买	无所谓
频数	138	236	459	135
占比	14.3%	24.4%	47.4%	13.9%

(28) 您觉得中国人的创新意识与创新精神如何？

选项	中国人太注重眼前利益，缺乏长远眼光	中国人也想创新，但创新投入成本太高，风险太大	中国人不仅勇于创新而且善于创新	说不清
频数	283	197	342	146
占比	29.2%	20.4%	35.3%	15.1%

(29) 您觉得今天加强爱国主义教育是否有必要：

选项	非常有必要，现在人们没有以前那么爱国	没什么必要，现在大部分人还是很爱国的	没什么必要，现在谈爱国有点过时	说不清
频数	730	125	67	46
占比	75.4%	12.9%	6.9%	4.8%

(30) 您认为什么样的爱国宣传教育最有效（可多选）？

选项	学校政治课教育	组织唱红歌	组织观看红色电影	媒体加大宣传力度	参观爱国主义教育基地	爱国人士亲自宣讲	说不清
频数	732	285	298	579	508	295	63
占比	74.7%	29.4%	30.8%	59.8%	52.5%	30.5%	6.5%

(31) 您最欣赏别人的品性是：

选项	礼貌	宽容	守信	忍耐	勤劳	守规矩	无私	节俭	正直	善良	谦虚	上进	责任感	其他
频数	263	148	128	13	55	32	29	7	96	83	16	18	69	11
占比	27.2%	15.3%	13.2%	1.3%	5.7%	3.3%	3.0%	0.7%	9.9%	8.6%	1.7%	1.9%	7.1%	1.1%

(32) 您最讨厌别人的品性是：

选项	自私	虚伪	不守信	不拘小节	虚荣	自大	妒忌	心胸狭窄	没有同情心	奢侈浪费	其他
频数	209	232	220	5	18	47	18	132	46	19	22
占比	21.6%	24.0%	22.7%	0.5%	1.9%	4.9%	1.9%	13.6%	4.8%	1.9%	2.2%

(33) 在生活中，您最欣赏的谋生手段是：

选项	知识技能	胆量	权力	辛勤劳动	美貌	为人处世	运气	其他
频数	496	80	35	252	12	59	22	12
占比	51.2%	8.3%	3.6%	26.0%	1.2%	6.1%	2.4%	1.2%

(34) 您愿意将孩子培养成什么样的人：

选项	能够赚大钱的人	拥有大权的人	有知识文化的人	其他
频数	133	69	705	59
占比	13.8%	7.1%	73.0%	6.1%

(35) 平时休闲，您主要的娱乐活动是（可多选）：

选项	喝酒或唱 K	打牌或者麻将	读书看报	上网聊天或打游戏	看电视剧或娱乐节目	通过电视或网络了解新闻	体育锻炼	其他
频数	128	149	413	26	612	505	318	69
占比	13.2%	15.4%	42.7%	27.7%	63.2%	52.5%	32.9%	7.1%

(36) 您已签了合同的房子一个月内降价很多，您觉得：

选项	自己上当受骗，要求房产商取消合同	很难过，但是已经签了，只能按照合同价格付款	正常现象，接受无奈的事实	说不清
频数	136	259	436	107
占比	14.5%	27.6%	46.5%	11.4%

(37) 如果您的亲戚犯法，您会：

选项	劝其自首	向公安机关举报	帮助隐藏或逃跑	假装不知道	说不清
频数	652	88	15	43	140
占比	69.5%	9.4%	1.6%	4.6%	14.9%

(38) 您觉得我们社会的诚信状况怎么样?

选项	大部分人不讲诚信	部分人不讲诚信，但是也有部分人是讲诚信的	大部分人还是能够讲诚信的	说不清
频数	147	359	361	71
占比	15.7%	38.3%	38.5%	7.5%

(39) 如果丧失部分诚信，能够获得丰厚利润，您会:

选项	任何情况下都会选择诚信，放弃利润	选择利润，放弃诚信	部分情况选择诚信，部分情况选择利润	说不清
频数	455	49	299	135
占比	48.5%	5.2%	31.9%	14.4%

(40) 假如在闹市上看到无辜的人被打，您会:

选项	挺身而出	假装看不见，但内心会内疚	不关我的事	说不清
频数	340	241	94	263
占比	36.2%	25.7%	10.0%	28.1%

(41) 下面哪些行为，您认为是不文明的行为(可多选):

选项	在公众场合抽烟	在公众场合大声说话或打电话	随地吐痰	酒后开车	随手丢垃圾	在公众场合打赤膊
频数	565	496	802	610	752	413
占比	58.4%	51.2%	82.9%	63.0%	77.7%	42.7%

(42) 在下列关于"道德"的行为中，您认为您做得比较好的有(可多选):

选项	孝顺老人	对家庭忠诚	不占国家、集体或者他人便宜	经常帮助需要帮助的人	讲究诚信	不奢侈浪费
频数	811	674	609	488	595	408
占比	83.9%	69.6%	62.9%	50.4%	61.5%	42.1%

(43) 您觉得人生应该追求的目标有(选三项):

选项	金钱	权力	名誉	事业	爱情	家庭	健康	对社会贡献	其他
频数	329	102	153	541	164	628	705	228	27
占比	34%	10.5%	15.8%	55.9%	16.9%	64.9%	72.8%	23.6%	2.8%

（44）您觉得影响幸福最重要的因素是：

选项	健康	金钱	权力	心态	家庭	其他
频数	450	125	35	230	82	16
占比	47.97%	13.33%	3.73%	24.52%	8.74%	1.71%

（45）如果幸福分值的满分是100分，您的幸福分值是：

选项	91～100分	81～90分	71～80分	61～70分	51～60分	50分以下
频数	172	303	262	104	50	47
占比	18.34%	32.30%	27.93%	11.09%	5.33%	5.01%

“与幸福对话——高要市践行社会主义核心价值体系”调查问卷

尊敬的女士/先生：

您好！

我们是肇庆学院“与幸福对话——高要市践行社会主义核心价值体系”课题组的调研员，感谢您在百忙之中抽出宝贵时间填写这份问卷。我们将对您的个人信息严格保密。

肇庆学院课题组

2011 年 8 月

问卷填写的有关说明：

1. 问卷采取不记名填写，答案无对错之分，请您根据个人的实际情况填写；

2. 问卷除个别题目需要填写简单信息外，均为选择题，其中未特别注明的均为单选；

3. 填写问卷时，无须考虑他人的意见或出卷者的意图。

调查问卷内容

1. 您的性别：A. 男　　B. 女

年龄：A. 16 岁以下　B. 16～23 岁　C. 24～30 岁　D. 31～40 岁

E. 41～50 岁　F. 51～60 岁　G. 60 岁以上

学历：A. 小学　B. 初中　C. 高中（含中专）

D. 大学（含专科）　E. 硕士及以上

宗教信仰：A. 有　B. 无

2. 您是否为中国共产党党员（含预备党员）：A. 是　B. 否

3. 您的职业（职级）是（　　）

A. 科级及以上行政级别的干部

B. 非私营企业部门经理及以上级别领导干部

C. 私营企业主　　D. 事业单位工作人员及基层公务员

E. 个体工商户　　F. 商业、服务业员工及产业工人

G. 农民　　H. 没有工作　　I. 学生

4. 您的家庭月人均收入情况是（　　）

A. 1 000 元及以下　　B. 1 001 ~2 000 元　　C. 2 001 ~3 000 元

D. 3 001 ~4 000 元　　E. 4 001 ~6 000 元　　F. 6 001 ~8 000 元

G. 8 000 元以上

5. 与改革开放前相比，您觉得现在（可多选）（　　）

A. 物质生活上得到了改善　　B. 社会更加开放

C. 受教育的机会增多　　D. 文化娱乐活动丰富

E. 就业机会增多　　F. 没有任何改变

6. 对于家人、亲戚或朋友加入中国共产党，您的态度是（　　）

A. 非常支持　　B. 不支持　　C. 无所谓

D. 反对　　E. 说不清

7. 您认为什么样的政府机关干部是好干部（　　）

A. 能为地方引进投资项目的干部

B. 能增加地方老百姓收入的干部

C. 不贪污腐败的干部　　D. 说不清

8. 您认为基层干部应如何产生（　　）

A. 上级领导内定　　B. 上级领导推荐

C. 基层民主投票　　D. 上级领导推荐与基层民主投票相结合

9. 您认为现在提毛泽东思想是否已过时（　　）

A. 是　　B. 否

10. 您认为党的“三个代表”重要思想中哪一个最重要（　　）

A. 代表中国先进生产力的发展要求

B. 代表中国先进文化的前进方向

C. 代表中国最广大人民的根本利益

D. 说不清

11. 您认为下列哪些内容是属于社会主义核心价值体系的（可多选）（　　）

A. 马克思主义指导思想

B. 中国特色社会主义共同理想

C. 以爱国主义为核心的民族精神和以改革创新为核心的时代精神

D. 以“八荣八耻”为主要内容的社会主义荣辱观　E. 根本不了解

12. 您是通过什么途径了解社会主义核心价值体系的（可多选）（　　）

A. 开会　B. 央视新闻或者国家权威报刊

C. 高要市的电视新闻　D. 网络

E. 闲谈　F. 说不清

13. 您认为政府宣传社会主义核心价值体系最主要目的是（　　）

A. 稳定和巩固国家政权　B. 防止群众道德滑坡

C. 仅仅是个宣传口号，没什么特别的目的　D. 说不清

14. 您认为按照下列哪个原则分配社会财富最公平（　　）

A. 平均分配　B. 学历高低　C. 能力大小

D. 权力大小　E. 贡献大小　F. 工作时间长短

G. 资本多少　H. 说不清

15. 如果您所在的镇区比较富裕，您是否愿意镇政府出钱帮助高要市不太富裕的区域（　　）

A. 愿意　B. 不愿意　C. 说不清

16. 关于国家提倡的“共同富裕”，您的观点是（　　）

A. 只要国家富裕了，共同富裕还是能够实现的

B. 即使国家富裕了，共同富裕也不可能实现　C. 说不清楚

17. 与改革开放前相比，您觉得表达个人政治意见的途径（　　）

A. 比以前多　B. 比以前少　C. 差不多　D. 说不清

18. 如果您对政府及其制定的政策有意见时，您会选择哪些途径表达（可多选）（　　）

A. 上访　B. 写匿名信　C. 网络发帖

D. 拨打投诉电话　E. 诉诸法律　F. 私下发牢骚

G. 向政府工作人员反映　H. 其他

19. 日常生活中，以下哪些保护环境的行为您会经常做（可多选）（　　）

A. 随手关灯　B. 随手关水龙头

C. 用环保袋购物　　D. 多步行，骑单车或者乘公交，少开车外出

E. 不使用一次性筷子　　F. 不吃野生动物

G. 不乱扔垃圾　　H. 纸张双面打印

I. 把旧物捐给有需要的人重复使用

20. 对珠三角的工业转移到高要，您的看法是（　　）

A. 欢迎，有利于高要的经济发展

B. 不太欢迎，虽然经济有所发展，但也带来环境污染

C. 非常不欢迎，对高要的生态环境非常有害

D. 说不清楚，对我有利，我就欢迎，对我无利，我就反对

21. 如果高要市评选“十佳市民”，您认为哪些人最符合要求（选三项）（　　）

A. 勤奋钻研科技的专业人员　　B. 爱岗敬业的普通劳动者

C. 发家致富的能手　　D. 见义勇为的道德楷模

E. 执政能力强的官员领导　　F. 为高要市创造巨额利润的企业家

22. 今年政府提出建设“幸福高要”，您认为“幸福高要”建设应重点抓好哪几个方面的工作（选三项）（　　）

A. 多引进投资，加快发展地方经济　　B. 各方面减税，增加个人收入

C. 加快市政基础工程建设　　D. 加强生态环境保护

E. 改善社会治安环境　　F. 提升基础教育的质量

G. 抑制物价尤其是房价的增长　　H. 解决看病难、看病贵的问题

I. 关心弱势群体，多建廉租公租房

J. 多些文化娱乐活动，丰富群众生活

23. 您认为有中国特色的社会主义社会应该是（可多选）（　　）

A. 生活富裕　　B. 政治民主　　C. 法制健全

D. 和平稳定　　E. 人人平等　　F. 说不清

24. 对我国向日本地震捐款，您如何看（　　）

A. 应该，日本是我们的邻居，应该为他们提供帮助

B. 不应该，日本曾经侵略过我国，不应该帮助他们　　C. 说不清

25. 您认为外来人口（非广东人口）对高要市社会经济文化发展（　　）

A. 作出了很大贡献　　B. 有些作用，但也给社会治安带来负面影响

C. 没有作用　　D. 说不清

26. 您对高要市一些农民到海外种菜淘金如何看（　　）

A. 很羡慕，可以出国　　B. 很正常，这也是一种谋生途径

C. 不好，漂洋过海风险很大　　D. 说不清

27. 当下社会有很多山寨产品，您的态度和行动是（　　）

A. 无所谓，便宜就好　　B. 会买，但是觉得不太好

C. 非常反对，也不会买　　D. 无所谓

28. 您觉得中国人的创新意识与创新精神如何（　　）

A. 中国人太注重眼前利益，缺乏长远眼光

B. 中国人也想创新，但创新投入成本太高，风险太大

C. 中国人不仅勇于创新而且善于创新　　D. 说不清

29. 您觉得今天加强爱国主义教育是否有必要（　　）

A. 非常有必要，现在人们没有以前那么爱国

B. 没什么必要，现在大部分人还是很爱国的

C. 没什么必要，现在谈爱国有点过时　　D. 说不清

30. 您认为什么样的爱国宣传教育最有效（可多选）（　　）

A. 学校政治课教育　　B. 组织唱红歌

C. 组织观看红色电影　　D. 媒体加大宣传力度

E. 参观爱国主义教育基地　　F. 爱国人士亲自宣讲　　G. 说不清

31. 您最欣赏别人的品性是（　　）

A. 礼貌　　B. 宽容　　C. 守信　　D. 忍耐

E. 勤劳　　F. 守规矩　　G. 无私　　H. 节俭

I. 正直　　J. 善良　　K. 谦虚　　L. 上进

M. 责任感　　N. 其他

32. 您最讨厌别人的品性是（　　）

A. 自私　　B. 虚伪　　C. 不守信　　D. 不拘小节

E. 虚荣　　F. 自大　　G. 妒忌　　H. 心胸狭窄

I. 没有同情心　　J. 奢侈浪费　　K. 其他

33. 在生活中，您最欣赏的谋生手段是（　　）

A. 知识技能　　B. 胆量　　C. 权力　　D. 辛勤劳动

E. 美貌　　F. 为人处世　　G. 运气　　H. 其他

34. 您愿意将孩子培养成什么样的人（　　）

A. 能够赚大钱的人　　B. 拥有大权的人

C. 有知识文化的人　　D. 其他

35. 平时休闲，您主要的娱乐活动是（可多选）（　　）

A. 喝酒或唱 K　　B. 打牌或者打麻将

C. 读书看报　　D. 上网聊天或打游戏

E. 看电视剧或娱乐节目　　F. 通过电视或网络了解新闻

G. 体育锻炼　　H. 其他

36. 您已签了合同的房子一个月内降价很多，您觉得（　　）

A. 自己上当受骗，要求房产商取消合同

B. 很难过，但是已经签了，只能按照合同价格付款

C. 正常现象，接受无奈的事实

D. 说不清

37. 如果您的亲戚犯法，您会（　　）

A. 劝其自首　　B. 向公安机关举报

C. 帮助隐藏或逃跑　　D. 假装不知道　　E. 说不清

38. 您觉得我们社会的诚信状况怎么样（　　）

A. 大部分人不讲诚信

B. 部分人不讲诚信，但是也有部分人是讲诚信的

C. 大部分人还是能够讲诚信的　　D. 说不清

39. 如果丧失部分诚信，能够获得丰厚利润，您会（　　）

A. 任何情况下都会选择诚信，放弃利润　　B. 选择利润，放弃诚信

C. 部分情况选择诚信，部分情况选择利润　　D. 说不清

40. 假如在闹市上看到无辜的人被打，您会（　　）

A. 挺身而出　　B. 假装看不见，但内心会内疚

C. 不关我的事　　D. 说不清

41. 下面哪些行为，您认为是不文明的行为（可多选）（　　）

A. 在公众场合抽烟　　B. 在公众场合大声说话或打电话

C. 随地吐痰　　D. 酒后开车

E. 随手丢垃圾　　F. 在公众场合打赤膊

42. 在下列关于“道德”的行为中，您认为您做得比较好的有（可多选）（ ）

A. 孝顺老人　B. 对家庭忠诚

C. 不占国家、集体或者他人便宜　D. 经常帮助需要帮助的人

E. 讲究诚信　F. 不奢侈浪费

43. 您觉得人生应该追求的目标有（选三项）（ ）

A. 金钱　B. 权力　C. 名誉　D. 事业

E. 爱情　F. 家庭　G. 健康　H. 对社会贡献

I. 其他

44. 您觉得影响幸福最重要的因素是（ ）

A. 健康　B. 金钱　C. 权力　D. 心态

E. 家庭　F. 其他

45. 如果幸福分值的满分是100分，您的幸福分值是（ ）

A. 91~100分　B. 81~90分　C. 71~80分

D. 61~70分　E. 51~60分　F. 50分以下

“与幸福对话——高要市践行社会主义核心价值体系”调研手记

按语：为有效践行社会主义核心价值体系，高要市委宣传部联合肇庆学院文学院开展了“与幸福对话——高要市践行社会主义核心价值体系”大型社会调查活动。在此过程中，来自文学院的调查队员根据所见所闻、所思所感，撰写了近30篇调查手记，我们从中选出15篇来反映这次社会调查的具体情况。

先进个人篇

八月，悄悄诉说一个天使的故事

——记新桥中心卫生院副院长伍有为同志

迎着朝阳，我们第一调研组奔赴高要市新桥镇。这是个温馨的小镇，让人感觉轻松、舒适。

通过温镇长的介绍和对镇民的具体访问，我们了解到：在这个小镇上，有一位非常有名的医生——伍有为，被人们称为“妙手神针”。在和伍有为院长短短一个小时的交谈中，他的轻声细语打破了我们对医生“麻木冷漠”的刻板印象。他儒雅、随和、风趣、真诚，更像是一个文人，而不是一个医生。

不为良相，便为良医

当被问到：“伍院长，你平时有没有一些名言警句，一直鼓励着自己，鞭策着自己？”“不为良相，便为良医！”他毫不犹豫地回答我们。多么简单的一句话，却饱含了他从医为民的坚定信念。

先人曾这样说过：“如果一个人拥有丰富的知识，却没有一颗善良的心，那对于这个民族，甚至整个世界来说，那不是财富，而是祸害，他所拥有的知识越多，祸害就越大。”对啊，作为一名医生，如果没有医德，对社会真的是一个很大的祸害。伍医生也说道：“先贤提出‘仁义礼智信’，‘仁’排第一位，‘仁’是核心，核心就是最重要的。如果本质都不行，就相当于平常说的前面没有一个‘1’，后面一大堆的‘0’都是没用的。”

“我们都有这样一个感觉，伍医生没有上班是一件奇怪的事！”这是伍医生的一位同事和我们打趣时说的一句话。为了工作，他放弃了许多和妻儿欢聚的时间。就这样，他在工作岗位上默默地履行着自己心中的一份承诺，那就是：只要病人需要，每天都可以找他看病。伍医生每周都要组织业务查房、病例讨论、会诊；在新桥中心卫生院，每天都可以看到他在门诊大厅被患者拉着问这问那，他始终微笑着对患者详细解释，亲切慰问……此刻，我们似乎看到伍医生每天从病房里走出来时那疲惫的身影。

伍医生在谈话中饶有兴味地和我们谈到《南方周末》里“你愿意嫁给医生吗”这个话题。也许是想起了家人，想起了许多过往，伍医生的脸上不自觉地流露出一丝丝的歉意。他若有所思地低声说：“没有规律地工作，没有规律地生活，这是医生的一个特点，最简单的特点。”沉默了片刻，我看见他欣慰一笑。我想，这一来自心灵深处的微笑，饱含家人的包容和体贴。

伍医生用无私奉献的精神在践行着自己的箴言。他用实际行动诠释着“不为良相，便为良医”的真正含义，始终在工作岗位上默默地做着不平凡的事业。

既然选择了这个行业，就要把它做好

“既然选择了这个行业，就要把它做好。”在谈起医生这一职业的时候，伍医生微笑着这样对我们说。这不是什么豪言壮语，但在这些平淡的语句中，我们读懂了他对医生这一职业的坚持。

我们很难想象，一个人需要有多大的毅力和勇气，才能做到他这样：在大学本是学西医的，工作之后却去钻研中医，并且慢慢地把自己的重心转向中医，做到中西结合，努力把它做精做通。为了更好地适应临床工作的需要，走中西医结合的道路，伍有为于1997年分别赴广州、南京等地进修，系统地学习了现代医学的先进理论，拓宽了临床思路。

选择治疗手段时，他一直遵循中医的传统治疗方法，那就是“简、易、便、廉”4个字——“简”就是看上去很简单，“易”指治疗方案比较容易，“便”就是方便，“廉”就是便宜。伍医生强调，医学是一个经验科学，最关键的是懂得总结。从他的言语中，我们明白：作为一个医生，理论上的知识要通过多种渠道来吸收，吸收以后再通过临床验证，不管它是成功还是失败，都要把这些经验总结出来。因为有些方法理论上是可行的，通过实践发现却是行不通的，但行不通也是一种经验。

伍医生从未停止过学习、探究的脚步，一直在医学的道路上默默地前进着。伴随着每个日升日落，每次花开花谢，他用行动诠释了什么是执着。他偶尔对我们会意一笑，那平淡的笑声中承载着他在医路上走过的点点滴滴。如歌如赋的岁月，他始终如一地以最初的心做着永远的事。

留守康复理疗科，得到的是幸福

1997年，新桥中心卫生院建立了一个新的康复理疗科。当时在住院部工作的伍有为主动请缨，放弃原来优越的岗位，要求调到新的康复理疗科工作，担负拓展新科室业务的担子。这个新科室致力于瘫症和痛症的康复治疗，伍医生贯通中西医结合理论，并将小针刀松解术、手法整复、针灸治疗、神经阻滞、物理运动治疗运用于临床，使得临床治愈率高达90%。就是这样一步一个脚印，经过不断的积累、探索、创新，他带领该科同事树立起科室的特色品牌，使科室从无到精，树立了良好的科室形象，为医院荣获“广东省中医先进院”称号贡献了力量。

在整个卫生院，伍有为的医术称得上“妙手回春”了，可是他始终没有给人留下一种“目无下尘”的感觉，他还是以前的他，在不断地学习，不断地努力。他一直思考如何减少病人不必要的痛苦和费用，这种单纯而无私的想法成为他前进的最大动力。

伍医生为很多病痛患者解除了痛苦，也赢得了众多赞誉，但他觉得自己这只是尽了一个医生的责任，不值得吹嘘。一句简单而发自内心的“谢谢”，就能让他心满意足。“患者和医生之间最重要的是信任，这信任就好像朋友之间的真挚友情，患者信任你，更多的是把你当成了朋友，而不是希望你把他当成病人看待。康复需要比较长的疗程，所以更加离不开信任。”从他的话语中，我们读懂了伍医生的想法：患者让医生有了自己的舞台，这是患者的信任和宽容，能让一个医生不断成长。从某种程度上讲，这无疑是一种恩赐。患者来就诊，进入医院求助于医护人员，是将健康和生命相托。人世间再也没有比托付健康、幸福和生命更重要、更珍贵的了。这么深沉的重托，值得医护人员心存感恩和珍惜。正是因为他们的信任，才使医生这份工作更具意义和价值。

“留守康复理疗科，得到的是幸福!”这是伍医生在结束采访时和我们说的一句话。

雨后的那一道彩虹

采访过后，伍医生又开始了他忙碌的工作，我们偷偷地跟在后面，尾随他走进了住院部的病房。

一个穿着病服的病人引起了我们的注意，他坐在病床上神采奕奕地看着电视，乐呵呵的。我们走了过去，也许知道我们是来采访的，他拉住我们激动地说:“前段时间，家里发生了一些事，我想得太多了，头部每天都胀痛，痛得睡不了觉，很难受。后来家人还以为我是神经病，把我送到某间医院，治疗了三个月都不行。最后来到这里，是伍医生治好了我，还设身处地为我着想。因为有他，我才会微笑着待在这里……”

他眼含笑意，热泪盈眶。我们知道，那是感激的泪。

执 笔 人：钟玉平、林明耀、黄铿闻
指导教师：郭　毅

一个村委书记的“铁人”传奇

——记心系群众的模范村委书记陆桂清同志

2011 年 8 月 24 日，在高要市活道镇镇委委员的带领下，我们到该镇仙洞村进行调研。

向仙洞村一路走去，弯弯曲曲的山路旁是一片片排得整整齐齐的粉葛种植地。看到那满地翠绿的粉葛苗，我仿佛能感受到农民即将收获的喜悦。

“仙洞村有位‘铁人’书记，他为村民带来了致富的机会。”镇上有村民感慨地说。

“他还是镇里第一位亚运火炬手！”有村民向我们透露。

听到这些，我们开始雀跃起来。怀着种种好奇与兴奋，我们终于见到这位心系群众带头致富的好书记。

他跟普通的农民一样，有着黝黑的皮肤，中等身材，还有一张朴实的脸。不同的是，他眼里总是闪烁着严谨与沉稳。他主动向我们走来，指着身后的那片土地向我们讲述那里发生的一点一滴……

一心一意、全心为民，践行党的宗旨

“陆书记，听说您当村委书记已经有二十多年了，在这么多年的书记生涯中，是什么让您如此执着地做下去呢?”刚坐下，我们就迫不及待地问道。

陆桂清书记憨厚地笑着，说事情要追溯到1984年。那年他刚刚毕业，在村委里担任文书一职，那段日子是他感受最多的时候。在接触文书工作的时候，他开始深刻地了解到农民渴望致富的期望，深深意识到村委班子建设对带动农民的重要性。于是他便下定决心要当个好书记，为村民谋利益。从最初的文书工作者到后来的团支部书记再到现在的村委书记，一路走来他都设身处地想村民所想，一心为民。

做村委工作二十多年，工资一直都很低。为这个问题，妻子和亲友曾劝说他：“为什么要那么坚持?”他回答说：“要是为工资的话，我是不会选择做这份工作的。”一句话，就让那些反对他的亲友无言以对了，也让村民对他顿生几分敬佩。

“陆书记一直以来都很为我们着想，这么多年实在是难为他了。”一个村民深情地说道。

陆书记坦言，二十多年了，已经做习惯了，现在活得很开心、踏实。在谈话中，他提出处世要有“三实”：做人要老实，不欺骗他人，讲求诚信；做农民要踏实，做好自己的本分，脚踏实地去干活；做村委书记要务实，实实在在为民着想。他还提及，因为工作放弃了很多，也没时间陪妻儿，实在有点对不起他们。说到这里他感叹了一声。这“三实”是支撑他走到现在的动力，同时也换来了亲人对他的支持。他相信，只要下定决心做好事情，就一定能做到。

他的话铿锵有力，体现了一名党员干部这二十多年来努力践行“全心全意为人民服务”的宗旨。他与广大农民紧密联系在一起，共同为全村谋划未来。

三番两次，研办合作社，带领村民实现共同富裕

当了多年农民的陆书记慢慢地意识到市场对果蔬的需求在发生变化，无公害产品格外受欢迎。于是早在2007年，他便与润丰国际蔬菜有限公司合作在村内成立了一个蔬菜基地。基地高价收购农民的果蔬，进行二次包装，再统一上市，在短短两年时间内就为村民带来了大笔利润。可是就在农民欢呼雀跃的同时，陆书记的脸上却多了几分愁容。原来，他发现种植果蔬并没有带来最大利润，果蔬的收成也时好时坏，而且市场前景不稳定。与种植果蔬相比，种植粉葛显得格外稳定。就这样，粉葛启发了他的产业发展思路。通过进一步的了解，他的思路变得更加明朗、清晰。仙洞村是粉葛的发源地，种植粉葛已有一百多年的历史；仙洞村的土壤、气候、水分、养分条件特殊，非常适合种植粉葛；村里家家户户都有种植粉葛的经验。于是，他决定选择粉葛作为种植业发展的龙头。

2009年4月8日，经高要市工商局登记注册，益群粉葛专业合作社成功组建。合作社集种苗培育、肥料供应、种植技术、产品销售服务于一体，是一个管理规范、制度健全的经济实体。经过几年的发展，社员从原来的14户发展到现在的242户，占全村农户总数的50.4%。合作社示范基地面积1 032亩，被肇庆市检验检疫局认定为供港蔬菜基地，60%的产品由东莞市润丰国际蔬菜有限公司出口到港澳地区。2010年合作社成员实现总产值1 548万元，总收益516万元，户均增收2.13万元；2011年合作社基地面积增至1 600亩，预计总产值可达2 480万元，户均增收2.72万元。

合作社示范基地环境优越，有区域种植特色和传统的种植习惯，资源优势突出，具备生态健康高产种植的良好条件。通过规范管理，该社引进优良粉葛品种和先进的储藏技术，推广无公害种植模式，提高产品技术含量，建立农产品质量安全体系，确保产品符合绿色食品标准。合作社通过“合作社+基地+农户”的模式，带动法洞村、新迳村和首岭村等兄弟村600多户农民种植无公害粉葛，面积达1 580亩，使粉葛亩产量从2 500公斤提高到3 000公斤，亩产量增加20%，产值2 400万元，利润690万元，户均增收1.15万元。

作为合作社的理事长，陆书记坚持代表最广大人民的根本利益，努力为合作社服务。他不断地改进合作社，争取为村民谋取更多的利益。从创社到现在，合作社积极通过参加技术培训来提升自己，在最近的一次培训中，全市仅有两家合作社得到去江苏省培训的机会，益群合作社就是其中一家。他还时刻关注市场营销状况，积极响应国家政策。如对较困难的家庭，合作社实行补贴策略，肥料按成本价发放给社员，帮助其发展。

如今，仙洞村“活仙葛”——益群粉葛的名号已经打响，产品主销肇庆、高要地区，还有部分销往港澳地区，“无公害”、“无残留”成了“活仙葛”的两大卖点，合作社的收益比之前翻了两倍。陆桂清书记是一个真正为村民谋利益，带领村民走向共同富裕的好书记。

执 笔 人：吴跃、罗兆鹏、肖芳、罗丽琴
梁有娣、邝健睿、陈月敏
指导教师：杨红军

一位普通老板的诗意人生

——记金渡镇天然居饮食天地餐馆老板钟焕雄

钟焕雄，一个初中毕业生，如今不仅是高要市金渡镇天然居饮食天地的餐馆老板、金渡工商会的会员，还于2001年加入了全省唯一一家镇级书画社——金渡书画社。尽管钟焕雄年轻时耽误了学习，但是我们绝对可以用“活到老，学到老”来形容他。对事业的坚持，对艺术的酷爱，使他的人生充满了激情，用“诗意”来描绘他的人生再好不过。

1999年，钟焕雄开了属于自己的第一间大排档，2002年扩大规模又开了第二间，“天然居”是他2005年开的第三间餐馆。从一个初中毕业生，到今天成为拥有员工70多人的餐饮店老板，钟焕雄有着自己不一样的经历。

从打工仔蜕变成老板，为自己缔造更美的梦

16岁初中毕业，钟焕雄深知自己科学文化素养不高，所以只能去打工，并且干的都是体力活。他来到高要市白土镇的一个建筑工地打工，当货车司机、当苦力工人，什么杂活他都干过。虽然在学校里不太爱学习，但是钟焕雄对于在职业生涯中遇到的任何挑战都秉持着“在学习中进步”的原则。这一段艰苦的打工经历，给予了年轻的小伙子很好的磨炼机会。其实，关键是他的心态好，肯学、肯干。因为他相信就算干再苦再累的活，即使处在人生的最底层，也要充满

希望地活下去。无论朝哪个方向，都要努力向上。他给我们的感觉就像一朵灿烂的向日葵，每天都在不断地吸收阳光养分。阳光就是他的语言，明亮、透彻并且火热。同时他也是一个脚踏实地的人，凭着一股干劲从最底层学起，凡事靠自己打拼。在岗位一天，就要干好一天的事。知识、经验不足，没关系，年轻就是最大的资本，他有时间可以慢慢打磨、学习和成长。

虽然是一名再普通不过的打工仔，但是钟焕雄有着和别人不一样的想法。他很清楚自己在干什么，又有着坚定的理想和信念。通过几年的沉淀，钟焕雄开始慢慢地把自己的计划变为行动。一间大排档就是他的起点。刚开始人手不够，钟焕雄就把自己的亲姐姐请过来帮忙。有了家人的支持，他干起活来也就更加得心应手。生意越来越好，钟焕雄把挣到的钱用于扩大业务，2002 年开了第二家餐馆，这是他一点一滴的付出换来的成绩。钟焕雄并没有因此而骄傲，无论在什么时候，他都抱着继续学习的态度。他要求自己具备三种素质：激情、谦虚与执着。就像开一辆车，激情和执着就是油门，谦虚就是刹车。创业的激情与执着让他取得了初步的成功，一颗谦虚的心又使他不断进步。2005 年他又开了属于自己的第三间餐馆——天然居饮食天地。到目前为止，这家餐馆拥有员工 70 多人，其中厨师有 20 多人，服务员一半是本地人，一半来自广宁、怀集、云浮等地。对外来工，他包吃住，让他们放心工作。

钟焕雄离自己的理想又靠近了一步。他爱饮食这个行业，他希望有一天能把餐馆做强做大，摆脱传统的家庭管理模式，走上现代化的企业发展模式。虽然这一天还很遥远，但是他会一步一步开拓。人们常说“梅花香自苦寒来”，钟焕雄就是这样一个脚踏实地、一步一个脚印，为自己缔造美好未来的人。

爱员工，员工也爱这里

虽然只有 30 岁出头，但是钟老板的人格魅力却不浅，好口碑主要来源于他的员工。对员工最真诚的关怀，让他赢得了员工的真心回报。他自己是从打工仔走过来的，对员工们的甘苦深有体会。员工真心实意地干活，是每一个老板最大的欣慰；能遇上一位好老板也是员工莫大的福气。钟老板不仅热心帮助外来工子女解决读书难的问题，还经常叫家人甚至亲自去接员工的子女放学，员工们看到自己的孩子平安回到家，更加安心和积极地工作。员工有了经济上的困难，他也倾囊相助。有一位四十多岁的员工，她儿子与人赌博，输得倾家荡产，债主要求其卖房抵债。钟焕雄知道这事后，决定先拿几万块钱为她还债，帮她渡过难关。

这样一个热心的老板，让员工感激涕零。久而久之，他的饭店就像一个温暖的大家庭，大家如兄弟姊妹一样相处。员工们不愿意离开这样的环境，流动性很小，有很多员工已在这里工作了十几年。用钟焕雄自己的话来说：“爱员工，员工也爱这里。”营造一个温馨的环境，让员工放心工作，这是钟老板的对待员工之道。

他也坚持“以人为本”的理念，定期组织员工出游，这样不仅可以让员工放松心态，还能与员工进行更深一步的交流。他还结合鼓励机制，每年评选出来的优秀员工都可以获得额外旅游的机会。这样一来，既促进了员工之间的竞争意识，提高了工作效率；又可以让优秀员工得到适当的奖励，给他们更多的鼓励。现在，餐馆搞得红红火火：员工待遇提高了，心情舒畅了，工作干劲更足了。“大家好，才是真的好！”

探索艺术知识的活水源头

钟焕雄不仅是一位出色的创业者，更是一位有高尚艺术情操的年轻人。假如生活中有人跟我们说一个初中毕业生，曾在建筑工地做过苦力的人有很高的艺术修养，或许我们会一笑置之。我们一般认为，艺术修养必须具备深刻的思想、知识、情感、艺术等方面的内涵才能逐渐形成，很难想象初中毕业后在社会上闯荡的人会有很深的艺术造诣。但是，钟焕雄就是这样的一个人，一个不仅在商业上，而且在艺术中遨游的有为青年。

初中毕业就进入社会工作，在底层打工，对于我们来说一点都不稀奇。但不同的是，钟焕雄在低学历的基础上经过不断努力，蜕变为一个热爱书画艺术的人。“人不可貌相，海水不可斗量”，对事物的看法不应为自己狭隘的思想所阻碍，学历不高并不代表着一个人的艺术修养不高。10 年前一个偶然的机会，钟焕雄结识了一位书画朋友，之后他便喜欢上国画和书法，一直坚持向名家学习，在打理饭店之余，一有空他就进行书画创作。在饭店角落里，他开辟出一间小型的工作室。当我们跨进他的工作室时，不得不由衷地感叹：这绝不是业余爱好者的工作室！工作室虽小，但处处透出艺术的气息。墙上挂着钟先生获奖作品的证书以及照片，还有很多习作。画作的内容大多是钟先生到各处写生的所见所闻和所感所悟。有人说过：书画可以陶冶一个人的性情，在书画的创作中能沉积一个人的心境。钟先生在没有基础的情况下坚持将近 10 年的书画学习，铸就了其与众不同的艺术性情。艺术的修养是发自内心的，艺术细胞是一点一点植入一个人的体内的。10 年艺术生涯，一位普通的创业青年谱写了自己斑斓而诗意的人生，“问渠哪得清如许，为有源头活水来”。像钟老板这样的初中毕业生，能酷爱艺术，并始终如一地投入，由此取得长足的进步与不错的成绩，这需要多大的耐心与毅力！如今，他已是镇上书画社的社长，把书画社办得有声有色，得到了市里领导的认可。更可贵的是，书画社还义务为镇上的小孩们教授书画。与钟焕雄相比，我们当代大学生应当看到自己的不足之处。很多大学生做事是“思想上的巨人，行动上的侏儒”，大学生中不乏“做一天和尚，撞一天钟”的人，缺乏自我认识，对自己的人生缺乏热情和目标。很多年轻人娇生惯养，与钟老板这些靠自己奋斗、自强不息、艰苦奋斗的人相比还有很大的一段差距。

在采访结束后，钟老板驱车带我们前往金渡书画社，无意中我们发现钟老板车上放着一本《艺术修养》。那时，我们深切地感受到钟老板对自己艺术修养的陶冶并不只是口头上的说说而已，其人其风骨，已将所有能言与不能言的东西都表露了，那是一种诗意的真性情。

热爱生活，让明天更美好

如果说艺术陶冶了钟焕雄的性情，那么生活则让他变得更加精彩。他喜欢游泳，无论春夏秋冬，他都坚持每天游一个多小时。他曾参加过两次横渡西江的活动。只要是喜欢上了的事情，他都会坚持不懈地去做。爱书法，爱国画，他可以十年如一日地坚持去拜访名家；爱生活，爱运动，更彰显着他积极向上的人生。其实，他是一个向往自由的人，他把现实生活也经营得如艺术般绚丽，这对他而言是一件幸福的事。

热爱大自然，走进大自然，探索大自然的美丽，已经融入了他的生命。他经常外出写生，肇庆的七星岩、鼎湖，桂林的山水，山西的太行，南北方的风景，都是他踏足的地方。虽然才 30 来岁，但这个小伙子绝对活出了自己，而且活得精彩，看到他，便如同沐浴着阳光和春风。

在暑假期间，金渡书画社开办一些书法班，他们这些书法爱好者会给小朋友上课，真是“与众乐乐”呀！钟焕雄表示，这样的活动不仅让自己的生活更加充实，还可以修身养性。

用心经营自己的人生，艰苦创业；踏入艺术的殿堂，追求真我；热心关爱家人和员工，读懂生活的真谛；参加公益活动，回馈社会，感悟着生命的美好。钟焕雄虽然是一位普通的餐饮老板，但是他的人生充满了激情、理想与收获。他的诗情画意又平实质朴的人生，值得我们慢慢去品味。在坚持个人艺术创作的同时，又积极为社会作贡献，这是多么值得褒扬的事情。

怀着一颗感恩的心去生活，用坚守信念的心去创业，抱着不断学习的态度去成长。在这里，我们衷心地祝愿钟焕雄先生能在以后的生活中，编织出更加美好的未来。

执 笔 人：何敏玲　苏静雯　骆志伟

指导教师：肖　娜

追寻一位有识者的足迹

——记高要市金渡镇本土企业家李炳洪先生

他有多重身份：高要金渡镇工商联主席、高要市商会金渡分会副会长、华善机械有限公司总经理、慈善家。当听到这么多头衔集中于一个人身上的时候，我们都由衷地崇拜这位大人物，于是在心里刻画着他的形象，期待着他能给予我们更多的指导，给我们传授更多成功的经验。

时间在等待中放慢了节奏，我们摆好采访设备，想着该如何向这样一个成功的企业家提问。在商会会议室里，大大小小的奖杯、奖牌和纪念品摆满了桌子，它们是工商联自2006年成立以来参加各种慈善活动和社会活动的成果。其中有一个体育运动比赛奖项引起了我们的注意，那是在2009年高要市迎“双庆”第六届农心杯中，工商联获得了团体第二名的好成绩！正当我们为这些荣誉欢欣鼓舞时，李先生走进了我们的视野。

他带着微笑，径直走向桌子并招呼我们坐下，他边笑边坐下说：“请大家随便坐，不要客气。”自己顺便就坐到了桌子边的一个座位上。我心里想，我们在生活当中见到许多有资本有实力的老板，他们开着豪华小轿车、穿戴着名牌限量版，甚至满手戒指显阔气、吆五喝六耍威风。可眼前的这位企业家一身干净整洁的休闲装，爬满皱纹的脸上映现出慈祥，一举一动都很低调，言语中透出和蔼、凝重和风度。

原来，真正的赢家都是从骨子里生发出霸气，拥有不显山不露水的和善，是能够积累点滴行动的巨人！带着这些感动和仰慕，我们进行了近两个小时的访

图 5　与李炳洪先生（左五）的合影

谈，李先生人生中那些丰富的阅历和甘甜苦辣，都深深印在我们心里！

"我自己搞生产"

高中毕业后，李先生进入金渡农机厂工作。那一年正是"文革"结束不久，高考以几分之差落榜的他选择了就业。作为厂里为数不多的高中学历毕业生，他有知识、有头脑，风华正茂的他早已表现出"挥斥方遒"的豪迈劲头。但他对机械一无所知，于是从低处着手，一个零件一个零件地摸索，一台机械一台机械地钻研，用瘦弱的肩膀扛起沉重的机器，用稚嫩的双手为自己开创了一片天地。两年之后，李先生被提拔为厂长。1995 年，金渡农机厂因为效益问题而倒闭，他被调入金渡农机站当站长。做了十几年的一把手，是他带着工厂走向辉煌，就像带着自己的孩子一样；而最后也是他看着厂子逐步衰落，无力挽回……也许是男人的尊严，也许是不甘心自己的努力付之东流，"我把设备要回来，我自己搞生产！"李先生激动地说。因此在 1997 年，他自己租了一块地，买回了厂子里没人要的设备，开始重新办厂。当时有人说他搞了一个烂摊子，他不管这些流言蜚语，而是专注于用知识和胆识去开创自己的一片天地。经过十几年的苦心经营，

2010年6月李先生和南海的朋友一起合伙办成了现在的华善机械有限公司，并且现已拥有两个厂，规模越来越大。据李先生讲述，他的公司以生产冲床为主，大多是地方和物流订货，经济效益自然不用说。

作为金渡本土企业家的代表，李先生在2006年金渡工商联成立时就成为会员，如今已成为主席兼商会副会长，主要负责商会日常工作和财务工作。工商联为金渡镇许多企业提供了科技、管理、法律、会计、审计、融资、咨询等服务，并且引导企业文化建设，同时还获得了许多文体奖，由此也就出现了开头我们见到的那一幕：桌子上摆满了各个时段和各类比赛的奖杯。与此同时，李先生还提到在他的发起和鼓舞下，工商联成立了基金会和同乡会，即组织本土的企业家们成立专门的慈善机构。该机构不仅每年向金渡当地的教育捐资，还开展帮扶贫困学生、奖励优秀教师和学生、帮助困难家庭等活动，为金渡镇社会、文化建设事业作出了贡献。

虽然李先生说的普通话带有浓重的广东口音，有时候让我们听得很辛苦，但是他讲起话来温声细语，讲到成功和精彩的部分更是如数家珍，把我们引回了他当年创业的征途中。他那成熟的举止、沉稳的姿态、娓娓的讲述，投射出他的自信、深沉和淡定，他的从容和豁达值得我们这些棱角分明的青年人学习。从他波澜不惊的言说当中我们可以深深地感受到他这么多年来踏踏实实、不断奋斗的苦与乐，他丰富的阅历、广博的见识和积淀了几十年的人生又是多么厚重。记得有这么一句话：不是每一朵花都能结出果实，但是每一个果实都曾经是一朵花。作为当代大学生，我们的青春如花般绽放着，年轻是我们的资本，所以我们应该兼顾好读书和实践，去了解外面那精彩而又无奈的世界。在校园里学不到的，我们可以在“社会大学”慢慢进修，这也是我们从李先生的述说中感受到的。

“打工仔都是皇帝”

自从创办了自己的企业，李先生就一直不断地完善企业管理机制，扩大工厂规模。当我们问到他在企业职工生活和工作上做了些什么的时候，李先生说：“打工仔都是皇帝！”

他的公司里有工会组织，大家有什么要求都可以向工会提出来，工会在员工生活方面也是体贴入微。员工的吃住都由厂里负责，每个月使用的水费由厂里报销，就连电费也是厂里每人每个月给30元补贴。除此之外，因为公司员工大部分是外省人，李先生注意到了许多员工都是两口子一起出来打工的情况，于是他修建的全部都是夫妻房式宿舍楼，这样可以让员工一家人住在一起，和和美美，其乐融融。人性化的宿舍管理让公司里的员工更加欣赏这位老板。“虽然我这里的工资也没比其他地方高，但是他们都愿意在我这里干。”李先生如是说。在李炳洪口中出现最多的话是员工出来打工不容易，他们需要更多的关心和照顾。逢年过节，李先生都会带着特产去探望那些回不了家的员工，正如他所说，人不分高低等级，人人都是平等的，你为对方哪怕解决的是一点点困难，即使是不用费自己多大工夫，但只要你是真心的，就会赢得他们对你的尊重和拥护。有时候他充当一个专车司机，员工的小孩深夜发烧需要去医院，他亲自开车带着去；有时候他又像一个办事员，外省员工的孩子到了上学的年龄，但是入不了当地的学校，他帮忙通过各种渠道顺利地让孩子上学……类似这样的事情在李先生的生活中频繁地发生，而他也乐此不疲。温总理曾经说过这样一句话：再小的问题乘以十三亿也会变成一个大问题，再大的数目除以十三亿也会变成一个小数目。李先生的智慧就在于他懂得以自己的真心去换取别人的真心，懂得细微的体贴带给人的是长久的温存，也懂得作为一个企业家应具备“仁者爱人”的品质。

现代社会私欲膨胀，太多的功利性充斥着我们的心灵。大学于我们就是一个小社会，拼知识、拼能力、拼人脉，我们也学会了尔虞我诈，兜兜转转中迷失了自己的方向。从李先生的事迹中我们学到了在生活中要少一些利用、多一些真诚，以一颗纯真的心在书本和实践中提升自己的人生境界。

“我是一个没文化的人”

“我是一个没文化的人。”这不是李先生因为看到我们这些大学生才发出的感慨，而是他三十年前就曾说过的一句话。一个人能够有所作为，首先他的思想要成熟。三十年前的认识就决定了三十年后的见识！

李先生坐正了身子，我们也专注地听他讲述三十年前的往事。他说：“恢复高考的第一年我就参加了高考，结果差四分。”他一边红着脸一边摆着手，在陌生人面前提起这些遗憾难免有些不好意思，但又用一种似乎骄傲的语气说：“我们那个时代是最不注重学习的，我上学的时候正好是 1966 年到 1976 年‘文革’时期，读完高中已经算不错了。”他还讲到自己没考上大学之后就去工作，当了厂长后上级派他去华南农业大学参加知识技能培训，他坐在教室里根本听不懂老师讲什么，自己私底下看书也还是完全看不懂。当时他就在心里说自己是一个没文化的人！于是这根敏感的神经时时刻刻都跳跃在他的脑中，对自己的孩子，他要求非常严格。他曾这么讲："我不管你们是怎么学习的，我只看结果，你们必须都得是大专以上学历！"到现在为止，他有两个孩子已经大学毕业，还有一个在读高中，我们听了都佩服他对知识的重视。

由于为自己没有上过大学而遗憾，李先生非常重视教育。以工商联作为一个平台，定期组织各会员捐款建立的基金就是专门用来支持教育和扶贫事业的，基金会每年都有专门的奖教奖学活动。凡是小学升初中、初中升高中、高中考大学排在金渡镇前十名的学生，都能获得不同程度的奖励。就拿高考来讲，考到清华大学、北京大学的每人每年奖励 20 000 元，中山大学、暨南大学的每人每年奖励 10 000 元，还有 8 000 元、5 000 元不等的奖励。金渡镇每年都提供 50 人左右的贫困生名单，以及评选出优秀教师若干，在高要金渡文化广场举行的文艺晚会上，工商联会当场拿出"奖教助学"基金（每人 300 ~ 500 元不等）发给他们。另外，工商联还资助了 10 个贫困家庭的孩子，每个月资助他们 150 元，这份爱心一直延续到他们 16 岁为止。除此之外，工商联也十分热衷于其他的慈善事业。汶川大地震、玉树地震等灾难发生后，以李炳洪为主席的工商联组织捐款 160 万元，还有一些企业自行组织捐款，这些数额并没有计算在内。在采访过程中，说实话听到这么多项爱心捐款发放，我们记录时都有些混乱了，多亏了手中的录音笔帮助我们整理好这些数据。

李先生的这些行为客观上提升了他的社会影响力，但我想这是其次的。他希望的是在条件如此丰厚的年代，不要再出现因家庭贫困等诸多原因而不能圆大学梦的人。记得他在做我们的调查问卷的时候，有一题问到：您会把您的孩子培养成什么样的人？在金钱、权利和知识面前，他选择了最后一个。李先生的这些事迹确实让我们感动，我们每个人对他的敬佩都是发自内心的。90 后的我们过早地感受到高科技带来的刺激，面对越来越复杂的生活环境，我们可能会对现实中的一些事情感到麻木，在我们看来我们每天都在回报社会，类似这些个性的想法让我们与上一代人之间形成了代沟。

整个采访在轻松愉悦的氛围中结束了，我们感觉与他对话是如此轻松，就像是在听自己的父亲讲述他的过去，谈及他的未来。从他的谈吐中我们触摸到了他的丰稔，从他的眉宇间我们感受到他一路的艰辛，相信没有像他这样的敢为之人就没有改革开放的丰硕成果，没有像他这样的热心公益之士就不会奏响和谐社会的强音！2012 年 8 月 24 日上午这个访谈我们会一直记在心里，更不会忘记这位有识、有能力又懂得回馈社会的私营企业家——李炳洪先生！

执 笔 人：黄迎君　蔡妙莹　赵　桐
指导教师：肖　娜

先进集体篇

动其情深于父母，晓以理细如雨丝
——记高要新桥中学的德育教学理念

今天，我们要采访的目的地是拥有70多年育人历史的新桥中学。对于我们来说，这是一次难得的新鲜体验，一种无法用语言表达的感觉让全身的细胞都为之振奋，我们的心情激动而充满期待。一路上，我们在想：在这柳暗花明又一村的背后究竟是一所怎样的学校？会有什么不一样的特色？老师和学生的面貌又将会是怎样的？……

图6　高要新桥中学外景

创新理念，彰显德育，营造学习生活新氛围

随着教育形势的不断向前发展，高考模式的频繁改革，每一所学校都在与时俱进、快马加鞭，追求以最佳的成绩赢得满意的升学率。不可否认，大多学校都存在着一种“以成绩定优劣，以高低论英雄”的定向思维，这对于本已承受着各种压力的学生来说，不禁让之产生一种无形的压迫感和窒息感。而这无形却强烈的感觉，到底是一种促进，还是一种摧残，我们无从凭空定论。育人 70 载的新桥中学是否会给我们展现出一种不一样的面貌？我们思索着，也期待着……

在出发前，带队的郭老师给我们卖了一个关子，说：“新桥中学是一所具有特色教育的学校。至于有什么样的特色，那就要靠你们自己去发掘了。”当我们踏进新桥中学这片土地时，新生正在军训操练，一排排整齐的队伍、一张张稚气却对周遭事物充满新奇的脸庞，这不禁使我们的心情顿然兴奋。我们突然想起艾青先生那首诗《我爱这土地》——为何这份爱，饱满得能挤压出情感的汁液？我们想，或许就像这辑军训的剪影，偶尔掠入眼帘便勾起无限的回忆，触动心弦的故事一次次地重复，情感便酝酿成一坛愈久弥香的美酒。

图 7　高要新桥中学高一新生军训

新桥中学是一所历史悠久的学校，在现今激烈的竞争环境下，却依然保存着一种淳朴的“以德育人”的校风，并在此基础上提出了“德育为首，教学为主”的办学思想，确立了“以人为本，和谐共进，自强不息，追求卓越”的办学理念和“面向全体，分类施教，全面发展，彰显特长”的教育理念，努力创办

“文明礼仪特色学校”。

图8 采访德育主任

调查发现，新桥中学紧紧围绕教育理念全面开展德育工作，不断加强学校行政管理能力和提高教师的师德与专业技能；创设朴素和谐的教育环境，营造个性鲜明的文化氛围，并潜移默化地影响学生、教育学生。当我们采访主管德育工作的梁副校长，问他学校的德育工作是怎样具体开展时，梁校长脸上露出了真诚的微笑，说：“就实实在在地开展，做到不放弃任何一个学生。”这句话听起来似乎很简单，但是朴素的言语中蕴含着教师如大海般的宽容与情深。他还说，要做到如此就必须让所有老师深刻地认识到一个道理——“一个学生代表一个家庭几代人的希望”，老师需要用爱心和耐心去教导学生，让学生感觉到学校就是他们第二个温暖的家。

新桥中学“不歧视后进生”的举措，或许是让人最深有感触的。为什么老师都偏爱成绩优异的学生？一位高中老师为我们解答疑难，“教书就像种花一样，每个园丁都喜欢开得最好的花”。没错，这种心情也是无可厚非的，但每一朵花都拥有自身独一无二的特点，倘若用爱心浇灌，这份爱心，将为学生在未来奋斗的岁月里提供阳光，成为孩子“翅膀下的风”。

教书育人，为贤为德，铸就良好师风师德

实验班的班主任方为老师这么说过：“教师，是‘教’而不是亲身去‘做’，更不是保姆式的‘看护’，而是要引导学生树立正确的人生观、价值观，引导他们在学习的道路上成人成才……首先要解决的是思想意识方面的问题。”教是为了不教；管是为了不管；授之以鱼，不如授之以渔。在这个过程中，老师们所倾注的爱与宽容，所克服的情绪与困难，所付出的辛勤与汗水，很多是我们难以想象的。

俗话说，“浇花要浇根，帮人要帮心”。新桥中学以“德育为首，教学为主”的教育模式，让不少原本才华或许会被埋没的学生走出内心胆怯的禁锢。高三年级有一个成绩较差但才艺出众的学生，在多以成绩论英雄的班级里，他因性格内向而略显沉默。班上同学和他一起学习生活了半年，有些还不认识他。学校老师专门为他准备了一次班会课，让他表演令班级 59 双眼睛集于一身的节目：耍色子。开始时，班里鸦雀无声，比较简单的耍几个色子的动作很快就成功了。色子加到 16 个后尝试了好几次都没有成功，但他仍然在台上不断坚持，台下的同学们给予了他热烈的掌声，最后他成功了。从那之后，这位原本内向的同学渐渐变得开朗，也主动提出学习中遇到的难题。老师一个善意的举动，看起来或许很简单但不乏心思。同样身为学生，我们明白这对于那位腼腆的同学来说，必定是一件意义非凡并值得感激与回忆的事情。

“学高为师，身正为范。”面对多元文化和社会对教育的冲击，面对学生日趋复杂的思想和多样的心理，老师仅仅运用专业知识教导学生、提高学生的学习成绩，那是远远不够的。老师还要做到“身正为范”，体现良好的师德，而其中最重要的就是体现老师对学生的关爱，做到“不放弃任何一个学生”，真正地明白“成绩好不一定是好学生，成绩不好不一定是差生”。

在这次的采访中，我们发现了很多老师的感人事迹：为了不耽误学生的学习时间，何江老师推迟做血管分叉手术；丁磊老师不慎扭伤腰了，看完医生稍作两天的休息又回来上课；罗超全老师匆匆回老家奔丧，又匆匆赶回校上课；程琳老师将刚出生不久的孩子托付给长辈，一周不回家，孩子都认不得妈妈了……他们那样做，不是为自己的工资奖金，不是为邀功；他们是为了学生们能够好好地学习，能够成人成才，不辜负家人的期望。

自强不息，奋发向上，展现 90 后学生新风貌

“哥读的不是书，哥读的是寂寞”，这是一位 90 后学生对苏效德老师半开玩笑讲的，这是一句网络流行语的贴身改编。这句话表面上似乎挺幽默，却饱含着这位90后高中生的压抑与无奈。一直以来，大家对90后的学生非议不少，褒贬不一，有的认为90后充满青春与活力，创意十足，个性张扬；有的却觉得他们过于自我，自信又脆弱，难以接受他人意见，缺乏团队忠诚感。但无论90后是一群怎样的学生，都不会只是部分人眼中放荡不羁、无法约束的野马。或许，有不少人早已带上否定的色彩看待90后，他们自然也无法发现这其实是时代对新一代的潜在影响与改变，对于一概而论的莫名指责，90后所承担的也未必不是压力与无奈。

正如苏效德老师说的：“同学们的心里都一样，想好好学习，可是由于种种原因，一些同学的成绩不是很好，但他们的心灵很美，人很善良，我为此感动，我为此愿意付出。”的确，无论在人生的哪个阶段，每个人的潜意识里都希望得到别人的肯定，而对于个性张扬的高中生来说，在强烈的自尊心的驱使下，更是渴望获得外界的肯定，特别是得到老师的认可。而在生活中，我们往往最容易忽略的就是那颗怀着欣赏和赞美的心。作为老师，要不吝于对学生的赏识，用赏识为孩子提供自信和激情。

可是怎样解决这一类难题呢？在采访中我们得知，新桥中学从2010年起举办“校园十大系列之星”的评选，旨在通过这一项活动在学生中树立积极健康、奋发向上的学习典型，引领校园精神文明潮流，发展学生个性特长，加快学生成长成才的步伐，引导和激励广大学生刻苦学习、全面发展，让学生了解到“学校是他们健康成长的沃土，也是尽显风采的舞台”。这无疑为大家提供了表现才华与能力的平台，恰好满足了90后表演欲强烈的需要，同时也展现了90后学生积极向上、勇于创新的新风貌。

一生牵挂，鱼水情深，解不开的师生情结

在高中的三年里，学习和生活不会是一帆风顺，总会遇到坎坷与挫折。老师辛勤教书育人，学生辛苦拼搏奋斗，师生间的关系可以说是“鱼水情深”，互信互进。恰如新桥中学挂在教学楼上的励志语：“大家既然选择了前进的方向，就只顾风雨兼程。”

一位高三班主任梁丽贞老师曾经用“爱生如子，爱岗敬业”来形容高三每一位辛勤的园丁，许多感人至深的故事也自然而然地被藏于师生内心最温暖的地方。梁老师就曾在一个漆黑的晚上送一位女同学去看医生，当医生问女孩老师是不是她姐姐的时候，她暖暖地回答道：“她是我的老师。”在那里等候的病人都微笑地看着梁老师，梁老师也向大家微微一笑。就在回来的途中，学生轻轻地说了一句："老师，您真的辛苦了。"此时，梁老师感觉到的是无比的温暖与幸福，觉得辛苦也是值得的，因为孩子懂事了。

很多时候，老师的一句话、一个眼神、一次鼓励，便足以让学生铭记一生，珍藏一生。除了梁老师，新桥中学很多老师都"为大家而舍小家"，兢兢业业地奋斗在这片沃土上，只因在这片土地上有着那么一群人，怀抱着滚烫的追梦之心，让无数辛勤的园丁愿以温热的汗水浇灌一个个红色的梦想，愿在名利之后温柔地等待一个个成熟的果实，真正做到"爱生如子"。

一生牵挂，鱼水情深，解不开的师生情结。虽然时光飞逝，一切都会发生变化，但是师生的情结就如旧屋墙角的一坛老酒，静默地守住心园的一角清辉，从来就无须想起，也永远不会忘记。

结　语

此次的社会调查活动虽说时间短暂，却给我们上了极为生动的一课。在新桥中学的领导老师身上，我们发现良好的师德体现在教师专业化的发展，对学生的关爱，更体现在那颗对事业执着追求的奉献之心。动其情深于父母，晓以理细如雨丝。学校创新理念，彰显德育；老师辛勤付出，教书育人，为的就是让所有怀抱梦想的同学能够吹响前进的号角，有朝一日成人成才，为自己的未来谱写新的篇章。激情燃烧的岁月需要爱与责任的浇灌，无论未来的路上有多少坎坷与挫败，我们永远不能丢失那颗真诚奉献的心！

执 笔 人：陈月敏　骆燕贞　邓守彬
指导教师：郭　毅

幸福满新村

——活道镇迳心村委会洞尾村小记

调研的最后一天，我们来到了活道镇迳心村委会洞尾村进行采访。洞尾村，这个离活道镇圩镇约 7 公里的山区小村，同时也是革命老区村，它依偎在山脚下，临水塘而建。绿水群山环绕，使得这远离烦嚣的小村庄在晨曦的照耀下显得倍加恬静、迷人。村前的大鱼塘种满了荷花，在微风的吹拂下，满塘的荷花颔首轻语，像是在欢迎我们一样。村前种满了沙糖桔，密密麻麻、整整齐齐的枝头挂满了绿油香喷的果实，无论是从嗅觉还是视觉上，都给我们不一样的享受。

刚下车不久，管理区村委会书记赖奇、村委会主任冯树洪以及洞尾村村长赵湛文分别从管理区村委会、施工现场赶来接受我们的采访。村长望着村里全部即将成功封顶的房子，乐呵呵地告诉我们：“我们这个泥砖房改造在5月26就开始了，每天都有政府的人员来视察，省卫生局的人员也一直监督着我们的卫生工作。预计在中秋节前就可以竣工全部入住了。”

难怪村长乐呵呵的。在过去的40多年中，村里38户村民中有32户是贫困户，都住在泥砖房里，卫生安全得不到保障。如果遇到大雨洪涝等自然灾害，他们的供水用电就会面临困难，别说是生产劳动了，就连日常生活也很难进行下去。在过去，猪舍、粪屋离居住区不到两米，村里没有卫生公厕和户厕。逢下雨天，猪舍、粪屋便发出阵阵恶臭，严重影响人们的生活。

为改变这落后的面貌，广东省政府、肇庆市政府、高要市政府、活道镇政府高度重视。在资金方面，政府落实扶持政策，采用“政府补一点、银行贷一点、农民自筹一点、帮扶单位助一点”的办法，通过加大财政扶持力度以及“政府贴息、银行贷款”，农村信用社免担保贴息贷款等形式，发动群众积极主动参与。其中由省里下拨每户10 000元，肇庆市下拨每户2 000元，高要市下拨每户10 000元，市政府三年贴息贷款每户10 000元。同时活道镇政府支持灰砂砖每户10 000元，政府有心人士资助部分陶瓷，不足的部分由村民自筹。由于有政府部门的大力扶持，大部分村民都愿意筹钱集资建房。

“你们这个村这么贫穷，有没有想过迁出去干点别的什么，或者是不当农民，出去打工赚钱?”

书记猛吸了一口大烟，舒颜道：“我们是农民啊，怎么离得开这可贵的土地?以后就是离开村里过上好日子，心里也不踏实啊。虽然种地种果辛苦，但是那都是靠我们的一点一滴辛勤劳动，我们心里那个高兴啊。再说了，城里虽好，吃个饭还得担惊受怕，远比不上我们这些穷乡僻壤。而且党和政府的政策好，我们国家的经济也突飞猛进，我相信我们山区小区很快就能改变现状。这不，在政府的领导帮助下，我们都有能力盖水泥砖房了，呵呵。”

望着这些村干部，我们的心里渐生敬意。因为他们为了村民能过上好日子付出了宝贵的私人时间。多少个春夏秋冬，他们在政府、村委会和各村里来回奔走着，只为了让更多村民的生活蒸蒸日上。

在走访过程中，村民们热情地接待了我们。起初他们还以为我们是政府派下来的人员，因为自开工以来，政府人员每天都来村里对改造工作进行有力的监督。除此以外，省卫生厅的人员也没有放松工作，在修建厕所、迁建猪棚、铺设硬化道路、装设排水管道方面，他们付出了大量的努力。

在村长的带领下，我们跟随一户村民参观了他的新居——一套两房一厅的房子，现已封顶，正进行着室内装修。一个十三四岁的小男孩提着灰桶进进出出地忙着，这引起了我们的注意。我们正要上前采访，他腼腆地蹦跳开了，脸上挂着满足的笑容，还频频回头看我们。对于他来说，放弃了暑假的玩耍是值得的，因为他很快就能住进舒适的水泥砖房了，这是他们以前想都不敢想的事。

“房间那么少，够住吗?”我们有着疑惑。“不够也没办法啊，但是如果只靠我们自己的能力，再过几十年我们也住不起水泥砖房啊！还是党和政府的政策好，领导班子好啊。”一位老爷爷两眼湿润地说。

老人家抚摸着光滑的大理石地板砖颇有感慨地说：“以前一到下雨天我们的鞋全都是泥啊，因为地面给雨水浸润了，泥泞得很，脚踩到哪里都一样，脏兮兮的。可是不穿鞋我们又时常因泥泞而摔倒。现在可好咯！铺了大理石地板，卫生安全好多了。”

听了这番话，我们的心里不由得为之一颤。我们之中的大部分调查员在城镇里长大，有的即使是来自农村，但村里的贫穷状况很早就得到改善了，大家正想着奔小康，而这个村的村民们不久前却还为如何告别住泥砖房的历史苦恼无奈。这之间的反差多大啊！

在这个泥砖房改造项目未开始之前，这个小村子鲜为人知，在被确定为改造示范点之后，大大小小的媒体都开始关注此村。对于这个现象，村民们更多是抱着平和的心态去对待。当我们的调查员问到盖完房子以后村民们有何计划的时候，他们开怀大笑道：“继续播种啊！”是啊，继续播种，播种希望，播种未来，短短一句话就把他们的心声说出来了！

目前，该村的 5 个施工队正加紧建设，已有 31 户泥砖房改造工程竣工封顶，有 11 户正进行室内装修，还有一间在抓紧建设。村里已完成的公共配套设施有：大小排污渠 618 米和防淤积沉沙井 50 个，改厕 30 户；安装了自来水；巷道硬底化建设完成了 60%；铺设硬底化环村道路完成了 50%；公共厕所与篮球场的建设已经完成。迁建猪舍、修建厕所入户、装设排水管道等举措为村民创造了一个舒适、干净的环境。

洞尾村的改造工程只是省、市政府对贫困户泥砖房改造的一个开始。洞尾村作为高要市6个幸福安居示范村之一，将作为一个示范点，为农村低收入住户困难户泥砖房改造的样板工程、示范工程创造经验，提供范例。各级政府努力把洞尾村打造成省级整村推进幸福安居工程示范点和美丽的肇庆农村中的城市小区。

快走出村子的时候，我们在新建成的篮球场上看到一个约6岁的小孩子正抱着一个破烂不堪的皮球玩得不亦乐乎。在他身上，我们看到了活力与希望。

接近晌午，我们迎着灿烂的阳光踏上了归途，透过玻璃窗往外看，村民们都忙得热火朝天，天气虽然闷热，但展现在他们脸上的却是满足与幸福。车子在山路上徐徐地开着，我们在车上少了来时晕车的烦躁，多了受村民感染而来的满腔的幸福感。哦，美丽动人的洞尾村，后会有期。

执 笔 人：肖　芳
指导教师：杨红军

山乡情韵

——记河台镇的村官们

是谁，与基层纽带深深牵扯在一起，不容分割？是谁，与群众打成一片，坚持“从群众中来，到群众中去”？又是谁，是农民心中永恒的父母官？是他们，维系基层发展、建设和成长的村支书们。

民生疾苦，常挂心上

这是一个宁静祥和的午后，我们的调研活动在都权村拉开了序幕。这是河台镇离镇中心最近的一个村落，村委门前有一棵高大茂盛的榕树，好多老爷爷、老奶奶在树荫下边乘凉边谈天，透露出一派祥和的气息。

走进村委办公室，迎接我们的是梁长进书记，一位慈祥、憨厚、朴实的50多岁的村干部。他担任都权村村干部已有10多年了，深得民心。当卢老师讲明来意后，梁书记迫不及待地打断老师的话语，焦急地说：“我想向你们反映一件事，关于农村低保问题的。村里有个妇女，叫徐爱莲，她丈夫不幸去世，丢下她和两个四五岁大的孩子，还有一个72岁体弱多病的婆婆，全家就靠她一个弱女子支撑，生活非常困难。她申请低保已经两个多月了，可上级到现在还没批，眼看田里的秧苗已生长一个多月了，仍没钱买肥料供应，真是心急如焚。这件事我也亲自跑了好几趟了，可每次都是还没落实到。看着她们一家四口艰难度日，我却无能为力。”

这是出自一个村书记的肺腑之言，一个关爱农民、关心民生疾苦的父母官。聆听着村书记深情的诉说，我们不由得对这位担任10多年的村干部肃然起敬！一个平凡的老人，却为全村人民的生活操着不平凡的心。

年高德劭，关爱群众

就在我们和梁书记交谈时，突然进来一位头发花白、满脸笑容、落落大方、和蔼可亲的老人。一番介绍之后，才知道原来他是一位退休老干部——梁绍全伯伯，今年66岁，十分率真、健谈。于是，我们又和这位老伯伯展开了热烈的交流。

首先，梁伯伯表明了自己的政治立场：对国家、对党、对人民、对社会主义事业的强烈认同，秉着为人民服务的精神，在贯彻“三农”思想的时代里，与民同吃同住同劳动。梁伯伯半辈子的奋斗都与人民群众脱不了关系，他一心一意为群众做好事、谋幸福。

1961年时梁伯伯是一名人民教师，1962年转财贸，1963年到珠海参军，1965年通过自己的努力工作，受到上级领导重视，提升为干部，负责部队的宣传工作。1972至1988年在镇政府办公室工作，之后担任副区长，也就是现在的副镇长，退休前又担任了3年河台镇党校校长。无论在什么岗位上，梁伯伯都以最饱满的热情和最激昂的斗志融入工作中。他说，国家离不开农民，农民兄弟才是国家繁荣昌盛的主力军。所以要深入广大人民群众中去，了解群众思想，解决基层矛盾，做一个为群众办实事、做好事的父母官。

如今，梁伯伯已退休，但他时刻关心着百姓的生活状况，是一位赢得村民一致好评的老干部，深受人民群众的敬仰和爱戴。他还说，国家需要人才，广大农民需要知识，对大学生下乡做村官，表示热烈的欢迎和赞同。他每天都通过书籍报刊、广播新闻了解党中央的部署和动态，时刻惦记着百姓的生活，真是一位可亲可敬的老干部。在此，我们对他致以崇高的敬意！

敢出头，办实事

踏入罗建村，你会感受到一种不一样的氛围。炎热的夏日午后，空气里沉淀的却是一种温馨柔和的气息。村政府办公室里，和谐的工作氛围顿时让脑海里的谜团迎刃而解。一位优秀的村干部，会成就一派非凡的乡村景象。

在接下来的走街串巷中，通过与村民的深入接触后，我们的答案得到了证实。首先，我们来到村里的宋氏大宗祠，好多老爷爷在这里谈天说笑，见到我们走进来，他们都乐呵呵地跟我们打招呼，热情地请我们到大堂里喝茶，真是一群热心的老人。于是，我们一边和老爷爷道家常一边开始了问卷调查。在交谈中我们了解到，村书记宋沛强是村民心中称心的干部，深受村民的欢迎和爱戴。老爷爷说，宋书记敢出头、办实事，管理村中事务，解决民生问题，和解邻里纠纷，而对村民的某些恶习，如小偷小摸、卖假行骗、吸毒等行为则一律秉公处理，是一位以身作则，与民同甘共苦的好干部。一直以来宋书记都敢作敢当，而且办事效率高，处理工作协调有序，一心一意为群众谋幸福，是村民公认的好书记。

俗话说，一方水土滋养一方人。一位优秀的村干部，会带来全新的乡村面貌，这不就是一个最好的证明吗？

精金良玉，众望所归

简陋的山村小学背后就是罗仁村村委所在地了。刚好村主任焦七伟有事出去了，于是我们就在屋内等候，并和几位大叔聊起天来。这是一个地处偏僻、经济相对较穷的山村，可贵的是村民十分团结，安居乐业，对生活充满期待和向往。村里设立了治安巡逻队，由焦主任亲自带领，两人一班次，十年如一日，天天巡逻，所以村里的治安非常好。这一切都离不开焦主任的辛劳。

听着这些赞许的语言，好想早点目睹这位村民心中的村长。大约过了 20 多分钟，焦主任终于风尘仆仆地赶来了。他是一位 40 多岁的中年人，黝黑的皮肤透露着岁月的磨蚀，他穿着一双黑色的塑胶鞋，挽着的裤脚还残留着泥土的痕迹——十足的农民形象。焦主任热情地接待了我们，说只要他能帮到的，都会尽力而为。

于是，我们马上分工合作，在大叔的带领下到村里做问卷调查。等我们说明来意后，村民们都非常踊跃地参与到活动中来。一些年轻的小伙子或认识字的小弟弟小妹妹都来帮忙把问卷的内容读给不认字或因年纪大而视力不好的老爷爷老奶奶听，好温馨的场面啊！来到这样一个世外桃源般的地方，村民的淳朴、可爱、热情，犹如一股暖流在我心中缓缓流淌，甘甜滋润。

一个20多岁的小伙子告诉我，村里较穷，很多设施都不完善，没有人愿意担任村长，怕辜负众望。而焦主任是全村人民一致推选的，他也无法推脱村民的信任和厚爱，所以一直尽心尽力地为村民办实事、做好事。他是一位尽责的好村长，有了他，才有罗仁村今天的和谐与发展，才有今天的一派祥和景象。听完他的话，我又一次被深深感动了，焦七伟，一位平凡的农民兼村主任，您的一言一行，村民都看在眼里，记在心上。

今天的收获可真多啊！村民热情地留我们在村里吃晚饭，可惜有任务在身，只能恋恋不舍地踏上了归途。再见了，淳朴可爱的罗仁村民和高尚的焦主任！

素昧平生，热情好客

每逢公历3、6、9是河台镇集市日，今天刚好是26号，碰巧遇上了，怎能错过时机！于是，我们带着调查问卷，来到商客云集的集市上。哇！集市上的人并肩接踵，提篮挎袋挑选新鲜的蔬菜、鱼、肉，讨价还价声在喧闹中此起彼伏，好一派升平盛世景象！

突然看见一位五六十岁的老人家站在街头凝视着这一切。于是，我走过去与他攀谈起来。一聊才知道，原来他是五联村支部书记苏伟忠先生，此前担任了10多年的村主任，现已任书记两年了。苏书记非常热情诚恳，他拿出老花镜认真地做问卷，还不时问我他不明白的内容。他说："五联村有1 600人左右，大约350户人家，10来个低保户，村民整体较安居乐业，多数以种植农作物金橘、药材玉桂为主。我家每年种植金橘1 000多棵，收获几万斤，还种植药材玉桂，每年收获几百担，合计1 000多斤。村民的种植情况都比较乐观，由于山地较多，目前经济发展数金橘的种植前景最为广阔。而且五联村是黄金矿藏主要分布区，藏量丰富，是政府发展经济的源头。"做完问卷，他再三邀请我们去五联村参观，说现在金橘还未成熟，等成熟了一定邀请我们去品尝。多么平易近人、热情好客的苏书记，愿下个金橘成熟时节，我们再重逢！

一路的收获，汇聚的感想

农民在中国是一个复杂的称谓，是活力与野性的象征，也是天才与英雄诞生的土壤，同时也承载了中国几千年历史文化的命运。

显然，农民群众的参与和支持是乡村治理变迁的重要动力，农民群众的抗争则以一种独特的方式影响着乡村治理的变迁过程。实践一再证明，尊重农民的意愿和自主性，是当代中国乡村治理变迁的关键。乡村治理的变革必须尊重农民意愿，获得农民群众的认同与支持。

然而，乡村治理的变革是一个复杂的社会改造工程，难免会遇到风险、困难、挑战、波折，甚至出现重大失误，因而需要一个强有力组织的推动。各地的乡村治理创新和变迁都与地方政府的主动性密切相关。即使是由农民和村级组织自发开展的乡村治理创新工作，也需要政府的支持、总结和推广，政府在乡村治理制度创新和变革中具有强制优势、组织优势和效率优势。在自发的制度安排，尤其是正式的制度变迁中，往往需要用政府的行动来促进变迁。

再者，历史的经验告诉我们：从土地改革和农会建设到合作化，再到人民公社化运动，甚至于错误发动文化大革命，直至最终实行农村改革，推行家庭承包经营和村民自治，以及社会主义新农村建设，无一不是在有关政府部门及其领导人的发动和领导下展开的。在各地的乡村治理变迁过程中，地方政府始终扮演着领导者的重要角色，表现出了异乎寻常的号召力和控制力。所以说任何一场重大的乡村治理变革行动，都需要有一个领导核心和组织力量。

因此，在农村基层中，村干部维系着基层的发展、建设和成长，其地位和力量都不容忽视。作为村干部，首先，要落实上级党委、政府的各项支农惠农强农政策，带领和引导党员群众抓好农业生产，推进农业产业结构调整，带领农民致富。其次，要加强村民群众教育，抓好社会治安综合治理、平安创建、计划生育等工作，疏导和化解矛盾纠纷，促进农村社会和谐稳定。再次，要紧密联系群众，了解群众所思所想，组织党员干部为群众办实事做好事，支持和保障村民依法开展自治活动。最后，要以科学发展观为指导，按照生产发展、生活宽裕、乡风文明、村容整洁、管理民主的要求，主持讨论决定本村经济和社会发展的重大问题，研究确定符合本村实际的新农村建设规划和富民强村路子，推动全村科学发展。

执 笔 人：张妙芹

指导教师：卢永和

默默奉献，无私付出
——高要市南岸镇妇联小记

南岸镇作为高要市市委市政府所在地，作为一个经济相对发达的镇，妇女问题也显得更多更复杂。

经过对妇联部的黎主席的个访，我们了解到在南岸镇妇联工作面临的最大难题便是初嫁女问题，且这问题不是单一存在，而是具有一定的普遍性。初嫁女问题主要是指刚嫁过来，但户籍还没有迁过来的妇女，在夫家这边没田没地分，在娘家那边也没有田地分，以后生的孩子如果入母亲这边的户籍一样没田地分，唯有入父亲那边的户籍才有可能分到田地。我们还得知到目前为止，妇联仍没有很好的方法、措施解决这个问题。

南岸镇经济在腾飞，男人经商的很多，由此成为富商的也不少。俗话说：男人有钱就变坏，女人变坏就有钱。这话有其一定的道理。在南岸镇中，男人"包二奶"的情况不少，为此上访的女人也随之增多。在和黎主席的谈话中，我们了解到曾经在1个月内有3起这样的案例发生。黎主席还向我们回忆了所有案件中她印象最深刻的两例。其中一例，受害女子很年轻，但文化水平比较低，孩子三岁，丈夫比她大10岁，他们是生了孩子才打算登记结婚的。但在登记的时候，受害女子发现那个男人骗了她，那个男人曾经结过婚，并已育有一个孩子。其丈夫人品很差，经常对她拳打脚踢，她都忍气吞声。这次是她的侄子带她过来寻求妇联帮助的，她还没到医院验伤就直接到妇联办公室里来了。在叙述中，黎主席语气中满是对那个受害女子的惋惜与同情。在讲述另一例时，她显得尤为痛心。那位女子是一名外来工，是工厂里面的管理人员，文化水平较高。她在网上认识了一个北京男人，那个男人也多次来肇庆与她相聚。后来那个女子怀孕了，他们就在厂附近租了个房子居住，摆了几桌酒就当结婚了。但后来受害者发现那个男人在北京是有老婆的，他的老婆都吵上门了，那个女子仍坚持把女儿生了下来。"一个文化水平这么高的人，也会做这种错事！"黎主席深深地叹了一口气，本来一直灿烂的笑脸此刻也满脸愁云。

妇联的工作是琐碎的，但要真正做好，真正为妇女解决问题，维护她们的权益，却是非常不容易的。黎主席说，妇联在这个地方是有一定地位的，毕竟"有为才有位"，有一定的作为就会有它的地位。然后，黎主席从办公室里一个堆满资料的橱窗中抽出一本笔记本递给我们。翻开一看，里面工工整整地记满了她们曾经处理过的案件，更让我们惊讶的是，里面的所有案例都是手写的。这么完整的记录，这么清楚的笔迹，该花费了多大的心思啊！霎时间，我不由得对眼前看起来文文弱弱的黎主席肃然起敬，这个小女子身上蕴藏着多大的能量啊！一头短短的头发使她看起来充满了干劲，稍显黝黑的皮肤透露着她的辛勤，一双灵活的眼睛满是坚毅，永远露出的灿烂笑容让人产生一种倾诉的渴望。“黎主席真的非常适合妇联这份工作。”这是看到黎主席亲切笑容后一直浮现在我脑海里的一句话。

据黎主席介绍，在她们部门中，没有专门学女性心理学的，但她们在实践工作中，已经积累了很多这方面的知识。实践出真知，尽管没有系统地学过女性心理学，但处理的案例多了，她们自有一套“真知”！她们把《婚姻法》、《中国妇女》这些书当作工具书，也会参考《中国妇女》里面案例的处理方法。

在和我们的交谈中，黎主席一直反复提到作为一个女人，一定要学会自立自强，不可以依靠任何人。她们在接待受害妇女时也反反复复向她们灌输这个观念。妇联就曾经成功说服一个带着孩子艰难生活的离异妇女把孩子交给婆婆带，自己出去打工养家糊口，实现了自立自强。“我们可能对她们是啰唆了点。”黎主席有点不好意思。可是，我们都知道，黎主席她们是尽心尽职啊。或许很多人对她们的话很厌烦，觉得她们很啰唆，但她们却一直坚守在妇联这个平凡的岗位上，尽她们所能为受害的妇女提供帮助。

除了帮助受害妇女，妇联也帮助很多贫困儿童。黎主席让我们参阅了她们历年来资助过的儿童的名单。从 1995 年以来，她们一共资助了约 400 个儿童。2010 年一共资助了 40 个儿童，2011 年一共资助了 50 个儿童。被资助儿童的数目在逐年递增。从那厚厚的一沓名单中，我们看到了这一个小小的部门为南岸镇所作出的大大的贡献。这个部门曾多次被评为高要市妇联系统先进集体，2009 年还被评为广东省“平安家庭”创建活动先进示范街道。

和黎主席的谈话虽然只有短短的一个多小时，但从她那亲切的话语，阳光般的微笑中，我感受到了她积极向上的生活态度，感受到了她对普通民众的关心与耐心。凡事亲力亲为，以最饱满的生活热情、最阳光的生活态度积极乐观地面对生活中各种各样的挑战、各种各样的困难，这就是黎主席，这就是妇联部所有工作人员给我们、给普通民众的印象，这也是民众喜欢找她们帮忙的原因。

在大力弘扬社会主义核心价值观的今天，在一切以人为本的今天，妇联实实在在地向我们展示了“三个代表”重要思想中的“代表最广大人民的根本利益”这一条。在我看来，在南岸镇众多部门中，妇联部或许不是最引人注目的，但肯定是最热心为人民服务的！

执笔人：黄　唤

指导教师：赖翅萍

用心去沟通，用爱去关怀

——南岸街道社区服务中心小记

南岸街道社区服务中心位于高要市城区文峰路16号，是一家为居民提供公共卫生服务和基本医疗服务，具有公益性质，不以营利为目的的服务机构。正所谓“在其位，谋其政，尽其责”，社区卫生服务中心与大型医院比起来，无论是在技术力量，还是硬件的建设、规模方面都存在着一定的差距，但是社区卫生服务中心“麻雀虽小，五脏俱全”，社区人员一直秉承着为人民服务的宗旨。在新的形势下，如何进一步加强社区卫生服务中心建设，为广大群众提供更加优良的服务、价格更加低廉的基本医疗保障，是他们面临的一项紧迫任务。在社区人员的心中，有着一份高度的责任感，他们始终牢记使命、履行职责、兢兢业业。他们在平凡的岗位上，用一颗炽热的心关心、服务每一位来自五湖四海的病人；他们用心沟通，用爱去照亮每一个病人的心，使得病人们感受到家的温暖，在社区卫生服务中心安心地治病。

情系社会，服务大众

社区卫生服务机构承担12项公共卫生服务，包括健康教育、传染病和慢性病防治、计划免疫、妇幼保健、老人保健、康复、计划生育技术指导等。这12项公共卫生服务的开展与落实，是异常烦琐的。社区卫生服务中心的人员每天要接待好几百位病人，为他们建立居民信息档案。居民信息档案内的基本信息需要由病人提供，为他们解答相关问题需要工作人员异常的耐心，因为遇到的可能是各种类型的病人。居民信息档案建立之后，还需要每次及时进行更新，方便以后展开各项工作。同时社区卫生服务中心还会定时定点向当地的居民开展一系列的公共卫生服务，如小儿麻痹症及妇幼保健知识的传播，这一类型的活动开展具有一定的难度，许多居民不理解、不配合，所以又需要与当地的居委会及时沟通，协助说服当地居民积极配合工作。社区卫生服务中心密切联系群众，关注百姓的切身利益，为他们能有一个强健的体魄提供帮助。没有健康，何来幸福？社区卫生服务中心总是把这样一种健康的人生观传递给来社区看病的每一位群众。

图9　南岸街道社区服务中心表演粤剧

社区卫生服务中心定位为“小病”医疗，与大医院实行“双向转诊”，有效地利用医疗资源减轻大医院门诊压力。社区卫生服务中心的服务宗旨是“经济、实效、方便、快捷”，希望能够减轻群众的经济负担，真正让老百姓受益。他们上至为大医院减轻就诊压力，下至上门为老百姓讲解疾病的传播、治疗。他们拉起横幅，佩戴胸卡，怀着一颗为人民服务的心，用双手为病人创造新的人生；他们用行动来证明他们对老百姓的厚爱，情系万家，服务大众。

改变方式，谋求发展

南岸街道社区卫生服务中心属于公益性的服务机构，赢利是微小的。在南岸社区卫生服务中心建立初期，政府投入小，社区内的设备更新主要靠社区的财政补贴，所以社区在开办之初，生存艰难，经常入不敷出，以至于人才流失。面对如此情况，一方面社区卫生服务中心在做好自身工作的同时，向政府要求加大财政投入，谋求更大发展。另一方面则转变经营方式，通过搞绩效工资，使员工在基本工资的保障之下，获得与自己劳动成果挂钩的浮动工资，从而激发员工工作的积极性，使人才资源得到合理的配置，才不至于人才流失。在未来的日子里，南岸社区卫生服务中心将会在政府逐步加大财政投入的前提下，在保障员工绩效工资的人才激励制度下，办出自己的特色，以细节来感动病人，让老百姓感受到家的温馨甜蜜，使他们去除内心由于疾病带来的恐慌，保持平和的心态。

走向基层，用心服务

做基层人员又苦又累，很少有人可以坚持到最后。社区卫生服务中心则培养了一大批优秀的基层人员。南岸社区卫生服务中心在培养人才方面，坚持做到“五个好”以及“五个带头”。正是这种培养人才的理念使得社区卫生服务中心人员具有良好的服务意识，他们乐于服务，乐于成为一名基层人员。他们走进乡村，走进各家各户，开展一系列的便民利民惠民活动，如合作医疗项目、小儿麻痹预防、妇女保健，而这3项医疗项目，又各自有着各自开展的困难。合作医疗项目的开展会遇到各种各样的情况，需要及时制定有关方针以及政策。如果居民没有身份证明，社区卫生服务中心的人员则先为他们建立信息档案，并为其说明档案的用途，之后才为他们进行相关项目的检查，例如量血压、称体重、检查血液等，检查结果出来之后要为居民讲解病情，并且为他们提供一些有建设性的意见，传授一些养生知识，比如病人应该在饮食方面注意什么问题。此外，还在社区内设置宣传栏，提供各方面的文本资料以供病人查阅以及带走。对于小儿麻痹预防这一项目而言，则开展上门服务活动，每年两次，挨家挨户上门为幼儿打预防针，并且时刻关注南岸新生婴儿的基本信息，以方便社区工作。而对于妇女保健，则会进行产后随访跟踪服务，并且教给她们一些保育知识，跟踪的形式主要有上门服务和电话访问等。无论是哪一个项目，都需要一群时刻保持跟进的基层人员。他们不怕苦、不怕累；他们乐于向人民大众伸出援助之手；他们乐于把健康传递到社会的每一个角落。他们也许不被人理解，但是他们不气馁、不放弃，每天用心做好自己的本职工作。每天坚持做一点点，每天走访几家几户，积少成多，他们用爱堆积成人民群众对他们的信任，他们用心去沟通服务，创造一个和谐的大家庭，里面有他们，有人民群众，更有无限的爱。

虽然建立之初的社区卫生服务中心依然面临医护水平不高、基础设施不先进、医疗项目少等多种困难，但可喜的是，政府正在加大投入力度，帮助改善社区的生存环境，社区卫生服务中心的工作人员的热情也日益高涨，他们热忱地投入工作，用心去沟通，用爱去关怀每一位群众。就是这样一群体贴细心的社区卫生服务中心人员热情地为构建幸福社区添砖加瓦。

执 笔 人：李瑞研 陆小玲

指导教师：赖翅萍

风俗民情篇

盛大的节日
——河台镇开耕节调查手记

农历二月初二，在其他人眼里或许只是一个普通的日子，但在高要人民心中，特别是河台镇村民心中，着实是一个欢天喜地的大日子。二月初二是当地的“开耕节”，又名“春耕节”，也有记载称“龙头节”或“菩萨诞”，它也是一种名为“调禾留”的祈福仪式。不管它的名称究竟是什么，村民注重的并非其名称，而是其意义，一个比春节还大型的节日形式，一种比中秋节还浓烈的团圆气氛，一系列比端午节还热闹的节日活动。

在村民们心中，农历二月初二的开耕节比一年当中其他所有节日都重要，他们认为，即使春节赶不回家过年，开耕节再忙也要回家过节。几乎所有的在外打工生活的村民，或者是旅居海外的乡贤，甚至是听闻此节日的当地商人，都会在这一天齐聚河台镇。有的甚至早上跑这村，下午赶那村，为的无非就是欣赏各村的盛况，感受“开耕节”带来的欢喜，祝福各村和谐与繁荣安定。

渊远流长，一脉相承

离镇政府两三公里的罗建村是开耕节的发源地。

一进村，村主任首先带我们参观了村里的宋氏宗祠。进门左手边，是一幅壁画，画中几个大汉抬着一尊菩萨像在村道中巡游，两旁的村民皆以一种虔诚的目光目送“菩萨”前行，很是一番热闹的景象，却又增添了一种神秘的、安详的色彩。据说因为当天也是“菩萨诞”，所以才会有抬菩萨的习俗。有的地区由于地理位置的差异，抬的不是“菩萨”而是“龙母”（如相隔 20 多公里远的罗仁村，就因地处德庆广宁高要交汇，龙母盛名，所以此村是以抬“龙母”开幕的）。

走进宗祠，里面是青砖灰瓦屋顶搭建起来的半露天形式的中国传统建筑结构，宽敞的空间，透露出丝丝陈朴的古老气息，据说，宗祠是开耕节当天菩萨巡游的起点，平常就是村民嫁娶用于婚宴亲朋的地方。

往最里面走，看到的就是开耕节的起源介绍，一张张巡游的照片，一幅幅模拟古代节日场景的画作，以及一张详细介绍开耕节的简介。简介里说，二月初二的开耕节，又称春耕节，古称“龙头节”。据说源于三皇之首伏羲氏时候的“重农桑，务耕田”。后到周武王时期被发扬光大，定二月二为皇帝耕田日，所以名“龙头节”，同时因这一天处于二十四节气的惊蛰前后，此后农家即进入春耕时节，因此又名“春耕节”。古时曾有一幅年画《皇帝耕田图》，描绘的就是皇帝耕田，皇后挑篮送饭的场景，画上还题有一首打油诗：“二月二龙抬头，天子耕地臣赶牛，正宫娘娘来送饭，当朝大臣把种撒，春耕夏耘率天下，五谷丰登太平安。”

古时的罗建村民们抬着“菩萨”，敲锣打鼓、舞龙舞狮、燃放鞭炮、绕村巡游，祈求开耕后风调雨顺、五谷丰登，在新中国成立后，因“除四旧”等原因，村民已将其演变为一场好玩有趣的文艺表演和激烈精彩的体育赛事等文娱社交活动。

呼朋引伴，一派繁华

河台镇最大的一个村——都权村，是我们调研采访的首站。步入村委会，宽敞、凉爽的一个大空间映入眼帘，是如此的朴素，如此的空荡荡，唯一的装饰，就是正对大门口的那幅长 1.5 米、宽 1 米左右的瓷砖壁画，以及四周墙壁的或是介绍村规，或是宣传卫生等的宣传画报。

而那幅壁画，确实吸引了每个人的眼球。宽大的壁画镶嵌在村委会的办公楼里，画中的繁华与一楼的冷清形成了强烈的对比，画中展现的是中国独特的舞龙舞狮场景。几对形态各异的狮子被舞者耍得活灵活现，围观的群众里三层，外三层，甚至占据了楼宇阳台的有利位置，把舞狮的场地包围得水泄不通。他们笑容满面，聚精会神地为舞狮喝彩助兴，或是挥动手中的小玩具，或是使劲拍着自己的双手，大声吆喝着。虽然场地被挤得满满的，但还是能从画中认出舞狮队伍的比武场地，那就是村委会外面的那个宽大、安静、整洁的篮球场。球场的这一幕是多么热闹，多么欢腾，可想而知，开耕节会是怎样的盛况空前啊。

相隔都权村二十几分钟路程的罗仁村，则是被公认为开耕节节目最大型、参与人数最多、气氛最浓厚的一个村。罗仁村村民对开耕节的举办可谓热情高涨，每年都会选出一个主办人，由办节前抢到“龙母主炮”者担任，主办人负责节前的集资等准备工作以及开耕节当天的所有活动安排。村民们为了庆祝这一天，开开心心地过节，都会热情高涨地主动为开耕节捐钱出力。外面得知有此节日的商人也会凑钱助兴，并参与到其中。据村主任焦叔所说，农历二月初二当天，早上八点钟以前，从村口到村委会这段平时被农田包围的两三公里的两车道，就已经停满来自四面八方的车辆。过了八点，自驾车的客人必须走上十几分钟的路程才得以进村。而平常村山岗的那块空地，从两三个月前，就由当年抢到炮头的村组长来承办搭建开耕节舞台。跟罗建村一样，他们也会有一个游行，在河台镇罗仁村委会，数千群众请出龙母像，舞着狮子，沿着村道走到村后的山岗上进行朝拜、供奉，并放鞭炮进行庆祝。更有趣的是，他们还有一些斗鸡活动——几只毛色光泽的大公鸡，在众人的吆喝下，相互比拼，斗反应、斗胆量。而另一边的放炮区，则总是响声不断。前一年村中的嫁娶人家，或者添丁户、新建楼户等，都要来这里点上一炮，分别称为新婚炮、添丁炮、土地炮。来自四面八方的人们进行抢炮，炮箍代表幸运、吉祥，放炮的主人把礼物如茶裹、红包等送给抢到炮箍的人，而抢到炮箍的人则要用红糖和米还礼。炮会炮以稻谷为奖品，数量多少由各个炮会定，除此炮会还会发放流动纪念镜屏给客人作纪念。这不仅是一个热闹齐聚的活动，更寄寓接下来的一年安定顺利、好事连连，同时也是在祈求团结统一、国泰民安。除了村道的巡游、武术、醒狮等活动和各种文艺演出外，村民还会在自家设宴款待来自各方的客人们：相熟的亲朋好友、初次见面的外地客人，甚至素不相识的陌生人，在这个时候，都可以进来一起吃饭、饮酒、聊天，尽显真诚质朴的农民本色。

文化传承，和谐高要

河台开耕节在高要市特别是河台镇人民心中极为重要，宁可过年不回乡，也要在“开耕节”当日回乡参加庆祝活动。一个传承了当地的民俗风情，具有浓郁地方文化色彩的节日，一个有着各种名称而历史源远流长、影响深远，但依然备受民间喜爱的节日，已于2006年被肇庆市、高要市列为当地第一批非物质文化遗产代表，这是对“开耕节”的重视，对文化的重视，更是一种对我们精神财富的重视。节日的传承，并非用一纸凭证即可囊括。从高要河台镇的“开耕节”村史里的详细记载到各村民们的盛邀，从政府、村民各方为节日的筹划举办费心费神到四面八方前来观节的人们络绎不绝，从人流、车流的熙熙攘攘到各处炮响、吆喝声的此起彼伏，这一切都足以证明开耕节是一个值得传承、值得发扬的文化节日。

执 笔 人：苏洁莹
指导老师：卢永和

山乡有约

——河台镇开耕节小记

大漠风，云贵雨，齐鲁夕照；苍山月，洱海雪，西山滇池。真的是一处有一处的风光，一方有一方的水土。所谓：一方水土滋养一方人，一方人传承一种文化。广义的文化包括很多层面，其中的行为文化层以民风民俗形态出现，具有鲜明的民族、地域特色。而通过周期性出现的时间仪式和习俗，也就是节日，以它独特的形式聚焦民众精神，表达民众愿望，传承独特文化。

我国的传统节日形式多样，内容丰富，无一不是从远古发展而来的。这些流传至今的节日中，国家法定的有“爆竹声中一岁除，春风送暖入屠苏”的春节，有“樱桃桑葚与菖蒲，更买雄黄酒一壶”的端午节，还有“但愿人长久，千里共婵娟”的中秋节等；民间流传的有“迢迢牵牛星，皎皎河汉女”的七夕节，有“遥知兄弟登高处，遍插茱萸少一人”的登高节等。今天，我和老师、同学有幸来到拥有独特传统节日的高要市河台镇参加社会实践。河台镇地处高要市西北部，东望肇庆市，与德庆、广宁相邻，是全国著名的“黄金之乡”，民间有“北有烟台，南有河台”的说法，它还是粤西地区最大的瓷土出产地。这里除了黄金、瓷土出名外，还有个远近闻名、民间色彩浓厚的传统节日——开耕节。

据资料可知河台镇是一个名副其实的山区镇。汽车带着我们一路深入大山，沿着蜿蜒的山路盘旋着。一路上，蓝天白云，空气清新，青山环抱，让人心旷神怡。真实的山是坚硬的，我想，一如山里的生活，走来走去难免磕磕碰碰，但是心里却踏实。未知的河台镇快到了没有？传说中的开耕节到底怎么个热闹法呢？仿佛有一种隐形的魔力在吸引着我，心情像老家门口那树桃花，怀着初恋般的渴望，外表安宁、内心狂热。我们迎着阳光，踏着山路，走向天边的美丽处。期待我们的河台之约!

连绵起伏的山峦掩映着几处红墙绿瓦的人家，瞧那一角天青色，听那喧嚣中的一段留白，犹如在徐志摩的诗情里。我不禁感叹：好个不染纤尘的世外桃源啊！如画的水乡已经孕育了太多的美丽，这样的山乡更令人情有独钟。心立刻与之交融，感情犹如带露的梨花盈盈欲滴，浮躁的灵魂便如村边古榕一样真实。浅浅的怀想开启了我与河台缘分的大门。

或许是这儿“豁然开朗，土地平旷，屋舍俨然，有良田美池桑竹之属，阡陌交通，鸡犬相闻”般的环境才能孕育出这么独特的文化吧，那深深凹陷的碾道像磁盘一样刻录着大山民众的一生。在漫长的农耕文明的历史中，我们的祖先就根据自然的规律和生活积累下来的经验，创立了立春、雨水、惊蛰、小寒、大寒等二十四个农时节气。“一年之计在于春”，“惊蛰忙春耕，农活不能歇”。据说伏羲氏时候就有“重农桑，务耕田”之说，后黄帝、唐尧、夏禹等君王也效法，到周武王时更将这一习俗发扬光大，立二月二为皇帝耕田的日子。因为二月二正是处于惊蛰前后，“惊蛰一犁土，春分地气通”，此后农家即进入春耕时节。为了动员人们赶快投入春耕生产别误农时，这天皇帝就象征性地率百官出宫到皇田“一亩三分地”耕地松土，所以有二月二“龙头节”之说。又相传于明清时期，在河台一带的乡村，每年的春节过后，也就是在惊蛰前后，村民在开耕时节为了祈求风调雨顺，五谷丰登，天时地利人和，身体健康，六畜兴旺，国泰民安，都要举行一种叫做“调菩萨”的祈福仪式。新中国成立后，为了既保留“调菩萨”的祈福仪式，又破除迷信，此仪式恰逢春节后开始耕种，故后来取名为“开耕节”。

惊蛰时节，气温回升较快，渐有春雷萌动，“万物梦醒春催惊蛰”，像是收到春的邀请函，河台镇各村都纷纷热闹起来。从农历正月初四至二月十九，不同的村庄有不同的过节时间。其中最具代表性的是都权、罗建、多宝、罗仁等村，均定在农历二月初二这天，其他的有定在正月十六、二月初三、二月十九等时间。在开耕节这一天，人们要包制裹蒸粽，燃放添丁炮、新婚炮、炮会炮，还举行武术、舞龙、醒狮表演，文艺演出，篮球赛，泰国斗鸡等观赏性、参与性的文娱活动。村前村后锣鼓喧天，鞭炮阵阵，家家户户宰鸡杀鸭，张罗美味佳肴，款待远方来客。瑞狮队挨家挨户去祝贺，到处一派喜气洋洋。可以说，开耕节从来就是一个喜庆非常的节日，比当地的春节有过之而无不及。

当然，作为一个重要的传统节日，开耕节的活动远远不止这些。调菩萨、燃放土地炮、抢炮、醒狮表演，这些都是开耕节必不可少的内容。而各个村又有属于自己独具特色的祈福仪式。各村各出奇招，高搭炮架，张灯结彩，精心设计活动节目，同样都是为了求一个平安，寄一份愿望。所有这些庆祝活动，使得开耕节充满了喜庆，充满了祈盼。这一天，满巷的粽香飘遍村前屋后；这一天，喜庆的炮仗响彻家家户户；这一天，欢乐的喝彩声中舞过多少翻腾的醒狮；这一天，熙攘的市场上成就多少交易。

其实，开耕节不仅仅起源于祈求安康之说，它其实也注入了纪念先贤的主题。相传都权村祖先得恩于明代的一位宫廷官员洪圣，后来村民为纪念他，为其建庙供奉，并在每年的农历二月初二（旧称"土地诞"），从洪圣宫庙内把洪圣宫的塑像抬出来依次放在每个门楼（每个巷口）上，让村民以祭品虔诚祭拜，祈求好年景。随着时间的推移和历史的演变，政治、经济、文化等因素的变化，民风民俗相伴相生，更具有地方特色了。根据社会发展形势和时代要求，都权村于 1977 年将"土地诞"旧称更名为"开耕节"。都权村的开耕节因一位先贤而设，正是它的特别之处。正因为如此，与春节的红色喜庆、清明的绿色遥寄相比，此地的开耕节的节日色彩更加浓郁、更加丰富。

一脉相承的传统，都有着自己的习俗，其中，也包括特色的节令食品。人们只要见到那些代表特定节日的特别形象，便会想到传统节日的内涵，如春节的饺子，十五的元宵，中秋的月饼。春节的饺子告诉我们，此时，应该阖家团聚话家常了；十五的元宵告诉我们，此刻，应该赏灯放烟花助兴了；中秋的月饼告诉我们，月满之时，要与亲人团圆共赏月了。开耕节，流传在河台镇的各个村落，虽然"百里不同风，千里不通俗"，但是开耕节的主要习俗、特定食品却以相同的形式，成为开耕节最为形象的符号，那就是裹蒸粽。据说最早的裹蒸粽始于秦代，当地农民为方便田间劳作，便用竹叶或芒叶裹以大米，煮熟后随身携带以作干粮。裹蒸粽现在已经成为人们所喜爱的普遍食品了，并以其不同的特色体现各地的物产环境和审美情趣。南疆的粽子会让人想起平流的碧水；北方的粽子会让人想起返青的麦苗；水乡的粽子会让人想起红红的灶火；山乡的粽子会让人想起袅袅的炊烟。河台的裹蒸粽，远近驰名，代表着物产丰饶，包含着祈福深意。一味味配料，精挑细选，一粒粒糯米，晶莹剔透，这么一个节日，这么一种习俗，代代传承，虔诚非常。这来自农耕文明的米粮，以绝无仅有的体态，表达着人们由衷的祈愿，凝聚着人们活态的精神。

狮的形象，一直以威猛的仪态、腾跃的造型、华美的色彩以及崇高的含义深入人心。而河台镇开耕节这一天，肯定少不了醒狮表演这项活动，舞狮使开耕节平添了不同于任何节日的欢腾、热烈与昂扬的气氛。腾跃的身姿、搏击的状态、向上的寓意、进取的精神，形象生动，栩栩如生。同时，以“采青”、“踩梅花桩”、“狮子吐球”等传统表演派生出多种套路，发展到高台狮、高竿狮以至高桩狮等，整个表演扣人心弦。另外，还有更具地方特色的“抢炮”活动。如罗仁村拾到“龙母主炮”者在开耕节前挑选一黄道吉日牵头联络各家各户，村里村外的村民们带着礼金不请自来，在宴席上边吃边商讨开耕节的活动事宜和新一年的发展大计。主家把大家捐赠来的全部礼金投入到开耕节活动中，并燃放“龙母主炮”，拾到者为下一个开耕节的传承人。万众欢腾的抢炮活动，十分民主而又巧妙地体现了这一传统节日的凝聚力和文化认同感。

丰富多彩的民俗活动决定了开耕节成为当地一年里最为盛大隆重的节日，比春节过得还热闹！每年的这天，凡外出工作、务工经商的当地人，甚至旅居海外的乡贤都归集乡村，共度佳节，可谓“万民同乐闹春耕”啊！长期以来，它年年延续，代代相传，影响极深。它不仅团结当地人，同时吸引外乡人前来祈福。新婚的来求丁，已婚的来求福。所以，开耕节实现了风俗间的相互交流和相互融汇，也体现了它广博的包容性和渗透力，对当地产生了极大的影响力。河台镇开耕节已经正式被肇庆市、高要市列为第一批非物质文化遗产代表，正在申报省、国家级非物质文化遗产。这是众望所归，也是全镇之愿。应该说，它对于彰显我们宝贵的文化遗产，既有历史意义，又具有现实影响。我们应该对传统节日进行重点保护和弘扬。一个传统的节日，既是对悠久历史文化的追怀，又是对古代先贤的敬重，同时还是团结和凝聚民众的纽带，它源于先民，传承于子孙，绵延不尽的群体情感、和谐质朴的民风，便是它接前续后的主脉。

走在幽静的山乡村巷里，心是空的，如浮木在水上，但是人却愿意在这样的水里陷溺。风吹花舞，花蕊上的露珠，是哪朝遗落下来的诺言，那么的晶莹剔透，让人想用手接过这样的柔美。河台镇开耕节，明年二月初二，约定你！

执 笔 人：谢丽丽

指导教师：卢永和

村落散记

——走进高要市河台镇罗仁村

8 月 25 日，当我们坐车从河台镇中心沿着贯穿各村庄的公路一直而下，穿过大片的果树以及唯一的一条小道，终于到达这座小村的时候，陶渊明笔下的那种“世外桃源”的感觉突然迎面而来。“山重水复疑无路，柳暗花明又一村。”没想到在幽深的小径里面，竟藏着这么一个恬静自然的小村，群山环抱，空气清新，远离城市的喧嚣，与外界无过多接触，干净、纯洁。

这个村叫罗仁村，距河台圩镇 13 公里，地处丘陵山岗地带，位于县道河台至武垄路线边两公里处，面积约 10 平方公里，下辖有 9 个村民小组，总人口仅有 1 850 人，是河台镇最偏远的小村落。这里物华天宝、人勤物丰、山清水秀，主要农产品有韭菜花、芜菁、小包菜、脆甜、美洲南瓜、乌饭果、橙子，村内主要矿产资源有珍珠岩、黄金、冰长石、黑云母。

罗仁村无集体经济，纯粹依靠村民自家的耕种，自给自足。用当地村民的话讲，这只是一个“穷村”。然而，在我们看来，这个村虽然没有支撑产业，经济也不是很发达，但给人一种强烈的感觉——和谐。

图 10　调查小组成员与村民交谈

当我们穿过漫长的山路，经过一棵大榕树的时候，发现有好多人在树下乘凉闲谈，旁边还有一些很简单的小型游乐设施，我们立刻被这个简单而又富有人情味的场景打动了。

爱上村落的纯洁，恋着村民的纯真

在这次的调查过程中，我们发现很多农民对于目前的生活状况并不满意，幸福指数并不高。然而，罗仁村让我们感到惊讶，这里的村民大多都在幸福指数分值那一题选择了“91～100”那个选项。我们感到很意外，不明白为什么在经济落后的小村庄，村民们的幸福指数会那么高。后来，我们渐渐懂了……

1. 年轻好读书，渴望多知识

有一句话说得好，“人穷志不穷”。这里的村民便是这样，他们崇尚知识，渴望通过知识改变命运，通过读书成就未来。他们坚信这是每个人走向成功的必经之路，这是一条没有捷径，唯有脚踏实地才能走完的路。因此，这里的家长越来越注重下一代的教育问题，小孩也加倍勤奋努力。今年，罗仁村的赖炜炜考上了清华大学，本科生也有五六个，这对他们村来说无疑是莫大的荣耀。

在我们采访的一户村民中，他们家收入一般，主要是靠种植沙糖桔、沙梨以及开小店维持生计，但他们表示对生活很满足，家里两个小孩很懂事也很争气，平时读书很用功，姐弟俩升中考时分别取得了全镇第一和第二的好成绩。我们想，在落后的地区，家里有两个好读书的小孩，做父母的，的确会很欣慰很骄傲吧。

受访者小梁告诉我们，他今年 19 岁，已经外出打工 4 年了，从一开始的跑腿小弟一路打拼成为厨师，目前月薪已有 6 000 多元，但他仍然觉得遗憾，后悔当初没多读点书，没多学点知识。

罗仁村年轻一辈对于知识的渴求深深地感动了我们，让我们知道了在中国的偏远小乡村里，仍有一群人在渴望着读书，没有因为贫穷而放弃学习，而是把知识当作发展的第一生产力，这令我们倍感欣喜。

2. 村干管理好，村民凝聚力强

我们都知道，在农村，很多地区都存在着村干部薪酬低的问题，导致很多有能力的人宁愿出去外面打拼，也不愿意留在乡下当村干部。在罗仁村也不例外，据反映，这里的村干部薪酬以前是 3 600 元/年，去年才升至 6 000 元/年，平均下来每个月也不超过 500 块，这在如今物价上涨的年头无疑是很难生存的，而且现在在外面随便一份工作的工资都不止这个数。村干部告诉我们，他们那边经济差，很多时候还要自己先掏腰包支付村务开支，村干部很不好当。

村委主任焦七伟，因为群众的支持与信任，他选择了为民付出，把各项村务打理得有条不紊。为了加强村里的治安动态管理，有效预防各类可防性案件发生，焦主任带头组织了巡逻队，由村委会干部以及生产小组组长组成，两人一班，负责每天的治安巡逻工作。据悉，罗仁村的违法犯罪现象很少，村里没有吸毒现象，偷窃事件也不曾发生过。村民问题，甚至是邻里纠纷，都会到村委会解决。村长也在村中树立了威信，村长说一句话，大家就都听从安排。

同时，罗仁村有着一种纯朴的民风。大家都很团结，秉着集体主义的精神，切实做到公共事务公共做。就在我们调查采访当天，村中有水管爆裂，一群年轻人便立刻拿起锄头开着摩托车往爆裂源出发。一男青年当时正做着调查问卷，听闻这个消息便立即放下手中的问卷，称需要赶紧前去帮忙，还把旁边的小侄子委托给我们的调查员帮忙照看。如此自发性地为了集体事务而争先恐后的场景，不禁让人心里一暖！

3. 齐聚开耕节，共享家乡情

相传于明、清时期，在河台一带的乡村，每逢开耕时节，村民为了祈求风调雨顺、五谷丰登、六畜兴旺、身体健康，都要举行一种叫作“调菩萨”的祈福仪式。新中国成立后，为了既保留“调菩萨”祈福仪式，又破除迷信，而此仪式恰逢春节后开始耕种，故后来更名“开耕节”，又叫“春耕节”。在这个节日，大部分外出工作、经商的当地人，以及亲朋好友甚至旅居国外的乡贤都归集乡村共度佳节，另外还有大批慕名而来的游客来凑热闹。有的外出人员宁可过年不回家也要在春耕节回乡走亲访友。当天，各家各户都在家设宴款待亲朋好友，各村也举行调菩萨、放新婚炮和添丁炮、拜祭仪式、抢炮、舞龙舞狮等一系列活动。

罗仁村是其中把这个节日保存得最传统、最地道、最有特色的一个村。当天上午，众村民将龙母圣像从祠堂恭请出来，三根长香引路，金童玉女护送，彩旗箩帐簇拥，龙狮锣鼓相随，环村巡游一周，再在村内设置的祭祀台接受村民礼拜。接着便是最热闹的放炮和抢炮场面，抢得炮球者为今年的炮主。人们把他视为村里当年最有运气、最吉祥的人，因为抢到炮球象征一年平平安安、丁财两旺，明年炮主必须隆重还炮。开耕节的一切活动都由村民自己筹钱办理，每年由村民自己选出小组专项负责，收入、支出以及各项捐款都以最直接的方式公布。村民们团结一致，为这个节日出钱出力，只为他们共同的心愿。

开耕节，对于当地村民来讲，已经不仅仅是一个传承民俗风情，凸显地方特色，具有浓郁地方文化色彩的“节日”了，它更是一种精神文化、地方文化，并成为维系人际关系的重要桥梁。

看着村落的不足，飘洒我们的遗憾

原本，罗仁村的人与事，在我们的眼中，它是那么美，那么与众不同。然而，通过在罗仁村的调查，我们发现，它也有不足，它也存在缺陷。

类似其他村庄，它也存在着基础设施不足的情况，或许这是农村共有的难题。水利失修，洪涝灾害，农民耕种直接受威胁；看病贵，看病难，农民兄弟“不怕穷，就怕病”；教育条件差，教育质量无保障，下一代读书问题很烦恼；穷乡村，经济差，农民渴望富起来。或许，在如今的中国，社会主义共同富裕这一宏伟目标的实现的确还有很长一段路要走。

这里的村民很善良，可是当我们听到他们抱怨水利问题迟迟无法真正解决，医疗水平低、看病难且贵，村中只有一所小学，孩子读书交通不便、上学难，收入低、经济发展困难等问题的时候，我们的内心很不是滋味。是的，我们不愿意看到他们不够好的一面，然而，这些问题又像平整的地上凸出来的一块尖石，无情地立在那儿。我们望着那石，却不知道哪一天会有好心人来把它挪开，如果有，我们很想跟他说声：谢谢，谢谢你让它变得平滑、美丽。

罗仁村，这个带着一点瑕疵的世外桃源，从踏进的那一刹那我们就注定会喜欢上你！我们爱你那纯朴的民风，爱你那善良可亲的人们，爱你那安乐祥和的氛围，爱你那团结向上的凝聚力。瑕疵掩盖不了你的美丽，因为你在我们心中是最美的，你的每一个微笑都让我们沉醉！

执 笔 人：许冬玲

指导教师：卢永和

我平淡，我幸福

——蚬岗镇调查小记

很荣幸地，我们成了肇庆学院“与幸福对话——高要市践行社会主义核心价值体系”课题组的调研员。8 月底，我们进行了为期 4 天的深入农村走访，这让我们对农民的幸福观等问题有了深刻的认识与理解。

先来说说我们的采访地点吧，我们第四调研小组被分配到高要市的一个农业小镇——蚬岗镇。在还没有到达这个镇之前，我们就先通过资料了解到要走访的地方是一个以农业为主、人口较少的小镇，下面有十几个村子。说句实话，可能是固有的观念在作祟，我们都觉得要去的地方肯定是交通落后、生活困苦的农村。我们心里特别没底，这些贫困村子里的人们，他们会有怎样的幸福观呢？

到了目的地，我们还真有点怀疑自己的眼睛，虽然蚬岗镇下的农村远没有大城市的农村发达，可也有一条条宽敞的水泥路，一座座气派的房子，连弃置了的所谓旧房也都是水泥、青砖或红砖盖的，难得见上一座贫困山区里的土泥房。到了富金这些新村，连祠堂都是新盖的。其他比较古老的村子，如蚬一村、蚬三村、范山村和八卦村等，虽然房屋陈旧些，可也充满着浓郁的文化韵味，一点也不像我们想象中的落后农村。

图 11　在蚬岗镇八卦村采访

蚬岗镇是一个历史悠久的古镇，除了那早已闻名的错落有致、迷魂阵般的八卦村，镇里面最让我们难忘的就是祠堂和榕树了。在我们走访的十多个村子中，不管是古村落还是新型农村，祠堂与榕树随处可见，可以说，凡是有屋子的地方都有祠堂，有祠堂的地方都会有榕树。村民们特别注重对祠堂的保护，每一间祠堂都有精心雕刻的名字，都贴有整齐的对联和挂有大红灯笼，墙上的壁画和砖雕、木雕等依然保存完好。有的祠堂甚至已经经历六百四十多年的风雨了，依然傲然挺立。至于榕树，村民们对它们特别有感情，蚬岗农村里的榕树都很高大，一般都有好几十年的历史，茂盛的枝干遮挡了阳光，树下特别凉快。每个村的榕树下都配备有石椅、石凳，有的还有石台，随处都可以看到村民们在榕树下悠闲自在地休息或聊天。

蚬岗镇是以农业为主的镇，但并不是我们心中所想的那种自给自足、小家小户的农耕方式。蚬岗镇其实是我省一个重要的农业基地，是一个农业大镇，因此这里的农村自然比我们想象中的落后的农村要富裕得多。蚬岗镇下的农村基本情况都是：青年一辈外出就业，中年一辈留在家里务农，老年一辈在家中带孙子孙女，或是自由自在地安享晚年。所以我们进村采访的对象大多是上了年纪的爷爷奶奶，或是放暑假回家的中学生、大学生。村民们特别热心地与我们分享他们的心声。

“现在社会开放啦，交通也发达了，每家每户的孩子都能去上学。我当年读到小学二年级就没钱读下去了，回家帮忙喂猪，现在的社会好啊！”蚬岗镇蚬一

图 12　调研组成员在与村民做问卷

村60多岁的李老伯说。"对下一代加强爱国主义教育，这是必要的，一个人不论多穷，都得爱国、爱党，没有毛泽东的领导哪里会有我们的今天！"范山村一位50岁的老党员特别激动地说。

"我觉得嘛，孩子的教育问题非常重要，虽然我在农村，但我特别注重对孩子的教育，不管是知识还是品质。村里像我这种年纪的老太太大多不识字，每次村务公开我都会读给她们听。我深感知识的重要，再说现在的社会更加不是只会认字就能立足的了。"富金村一位读过高中的60多岁的阿姨说。

"平时唱唱歌，打打麻将什么的，有时带带孙子，过得挺安乐的，能打个80分，呵呵！"一位老者笑呵呵地说道。

"平时学校会给我们上上政治课，还有看看红色电影，当然少不了唱国歌啦，从中还是能感受得到那种爱国情怀的。"一个略显稚嫩的学生说。

"今天能过上这样的生活，首先就要感谢我的祖国；我能健康成长，则要感谢我的父母了。"八卦村一个刚考上高中的学生说。

……

通过为期四天的深入走访，我们发现，村民生活水平一般，他们还会遇到这样那样的问题：有的是一家人依然挤在小楼房里；有的是子女长期出外打工，难得见上一面；有的甚至60岁了还得下地种菜养活自己；有的抱怨田里的庄稼会遭人偷；还有的说庄稼卖不成好价钱。但当我们问到"你觉得自己今天幸福吗？如果满分是100分，会给自己打多少分"这个问题时，大部分的村民，特别是上了年纪的村民，他们都满意自己今天的生活，都会给自己打70～80分，有的甚至更高。下面是我们采访小组与八卦村村民李大爷的对话：

"李大爷，儿子儿媳都靠种地为生，担心菜价变动影响家里的收入吗？"

"呵呵，我早不管事啦，地里的事都交给他们了，再说菜价时涨时跌是正常现象，也没有什么好担心的。"

"大爷在家安享晚年，平时有什么娱乐活动吗？"

"呵呵，有时到榕树头同村里人聊聊天，下下棋，或是活动活动筋骨什么的。孙子也长大了，平时过得挺清闲的。"

"孙子多大啦，有没有想过孙儿的未来呢？想他们多读书有文化，能赚大钱，做个有大权的人，还是其他啊？"

"噢，孩子读高一。呵呵，儿孙自有儿孙福，管不了那么多啦，不管是上大学也好，赚大钱也好，做什么都好，只要自己喜欢的，不损害别人利益的，能给社会多作贡献的，就都是好的。”

“那么大爷，如果您现在还年轻，还能选择职业，您是想当个公务员，还是当个老师、医生或个体户，还是还想做回农民，或是其他职业呢?”

“呵呵，我啊，我还是要当农民，虽然辛苦点，可自由自在。呵呵!”

“李大爷，你觉得自己生活过得怎样? 满分为100分，你会给自己打多少分?”

“呵呵！我能给自己打个90分。”

……

俗话说，家家有本难念的经。可我们发现，大部分村民，特别是年纪大点的村民，他们还是挺满意现在的生活的。当然，在采访或是与村民、学生们闲聊的过程中，我们都能听到他们的一些抱怨。

有的说：“村里的环境污染问题越来越严重了，政府应该大力加强这方面的管理。”

有的说：“现在生活水平是比四五十年代好了很多很多，但当前的物价上涨得太厉害了。”

有的说：“我们村小学只开到四年级，孩子五年级就要自己骑车到镇上上课，现在路上车多，孩子又小，很担心。”

有的说：“到医院看病贵，一个感冒就得花一百多块，对农村人来说确实是个大问题。”

有的说：“村里的治安不太好，小偷小摸的现象比以前多了。”

有的说：“珠三角企业转移到这里的确有利于高要的经济发展，可因此带来的环境污染和治安问题也是严重的。”

还有的则说：“对政府或政策有意见时，没有什么好的投诉途径，政府工作透明度也不够高。”

……

我们采访的每一位村民都会说到自己身边的某些问题，有的说起来还挺激动，但当我们问到幸福分值这个问题时，大多数村民们还是会回答：尽管有这样那样的不好，可总体来说还是觉得自己过得挺顺心，共产党领导的新社会比旧社会好很多。富金村的一位60多岁的老党员伯伯常年有病，没有劳动能力，也没有孩子，他所有的生活费用来源于政府每月发放的几百元救济金。老伯伯平时生活得很俭朴，连水电费这些小事也特别操心。我们问他，生活过得那么艰苦，你会感觉生活得很忧愁吗？谁知道那位老伯伯呵呵地笑起来："不，我觉得很幸福呢，国家和党很照顾我，我觉得很满足，谢谢我的祖国，谢谢党。"至于那位中年阿姨，她则天天忙于做手工兼卖饮用水赚钱养家，家中两个孩子，一个读初中，一个刚小学毕业。阿姨说，她想送最小的那个孩子上高要最好的中学，可特别愁心那几万块的借读费，因为孩子没考上。我们问阿姨，你要愁孩子、愁钱，平时也忙着生计，你会为自己的幸福分值打多少分呢？阿姨乐呵呵地说："有健康就有幸福，钱是用双手赚的，孩子又懂事，我给自己打个85分。呵呵！"

可能，这就是我们常听说的"平凡中见真情，平淡中见幸福"吧！淳朴的村民们没有多么伟大的愿望，没有多么伟大的理想，不管是对自己，还是对下一代。在我们采访的对象中，几乎没有村民和我们提到"名誉"、"伟大"、"高尚"这几个词，也没有一个村民特别羡慕那些赚大钱的人、权力大的人、公务员、企业家或是科技专业人员，即使有些人不想再做农民，可他们也不会鄙视农民。在他们最想追求的目标中，几乎所有被访者都选择了"健康"和"家庭"，而不是"名誉"、"权力"等。绝大部分村民都认为，影响自己幸福的最重要的因素就是"健康"，虽然他们生活得很平淡，虽然他们在生活中会遇到一些不顺心的事情，可他们都满意自己和家人的健康，还有新社会中平平淡淡的安乐生活。岘三村那位读了高中的大婶说的那句话最能说出他们的心声："健健康康、安居乐业就是幸福。"

图13　村里的小孩在玩耍

其实，我们在走访时发现，高要蚬岗镇的农村也存在很多亟待解决的问题，像上面提到的富金村的教育问题，蚬三村、八卦村的污染问题等，其中最有必要提到的莫过于村干部的选举问题。村民们大都反映某些村干部只要有钱就能买到选票，从而坐上村干部的位子。如果这些干部最终还是为村民谋福利，那也称得上是“正确的选择”；可实际上并非如此，他们往往在得到权力后利用职务之便牟取私利，令村民深感不满。村干部没有真正为人民服务，村民的生活水平当然不能大幅度提升。我们认为，我们要做的不是沉醉在村民们所满足的幸福中，不是沉醉在赞扬祖国和党带给我们幸福新生活中，而是想办法、想对策，解决好村里的这些问题，致力于让蚬岗镇的村民们，让高要市的村民们，让所有的农民兄弟过得更幸福。蚬岗镇更幸福的明天，我们期待着。

执 笔 人：黄月婷　伍少玲

指导教师：何耀明

游子的幸福，我们来守候

——走访蚬岗镇留守老少之行

调研队的车子在蚬岗镇各个村落的大街小巷中穿梭，窗外掠过一座座古老庄严的祠堂——或是全体村民的祠堂，或是一个家族的宗祠。千百年来，这些祠堂屹立在村子的最显赫处，守候着村子的平安。每座祠堂，对于一个家族或者一群村民来说，是家和家乡的符号。

蚬岗镇外出打工的村民共有 1 300 人，约占全村人口的 9%，是村里主要的中青年劳动力，他们外出创业或者打工后，留守在镇上的大多数是老少妇孺。就像那些越来越堂皇庄重的祠堂一次次被翻新修葺一样，留守的老少妇孺的生活质量也因为外出打工的亲人不断地得到改善，他们的幸福感也因此越来越强。就像那些默默不语的祠堂一年年地守在村子一样，他们坚定地为远走他乡的游子守候着家，守候着根基，守候着幸福。

图 14 蚬岗镇八卦村里的祠堂

白天，门外有个人；夜里，门前有盏灯

八卦村村民李大爷已经年过七旬，当我带着调查问卷，踏着青石板走进小巷时，李大爷正在门外的小凳子上打盹。也许是飞鸟拍动翅膀的声音让他从梦中醒来，也许是我的脚步声惊动了他，他睁开蒙眬的眼睛。看清楚来人以后，他客气地对我一笑。这一瞬间，我看到了他眼底掠过一丝失望，他一定是期待着某个人或者某些人踏上这条石板路，而我并不是他期待的人。

在下过微雨的午后，八卦村的房子门外坐了一些老者，他们或三三两两地聊着天，或悠闲自得地打打盹。我礼貌地和李大爷拉起了家常，他以一个老者的耐心为我解答我对陌生村落提出的问题。环顾四周，并没有寻到李大爷老伴的踪影，李大爷说老伴在 7 年前就离开了人世，带大了的孙子孙女也一个个到外面求学谋生了，他已经过了 5 年的独居生活。

李大爷带我参观他的屋舍，平房里，一盏昏黄的吊灯，一张旧式的床，一套木头桌椅碗柜，一套茶具，一间土砖灶头，一本日历，几本书，还有一副老花眼镜，组成了李大爷的家。它们似乎就是他的伴儿，陪着他日日夜夜生活在这里。

李大爷说，现在的生活比过去改善了不少，政府每个月发给他五保津贴，他的儿女又按时给他送生活费，每天的吃、用都有保证，晚年的生活基本上可以说是衣食无忧了。

图 15 村民在乘凉

回想起改革开放以前尤其是打仗年代的那些日子——把地瓜当主食，而且还不能每顿都吃得上，有时还得把草根树皮当美味，家家户户连煤油灯都舍不得用，村霸村官横行——过去的种种，李大爷说像是做了一场噩梦。现在生活富足、治安稳定、儿孙的所长都能有所发挥的日子，是当时的他怎么也想不到的。

李大爷给我倒了一杯茶，杯子上腾腾升起的袅袅热气，跟他给我诉说的故事混为一体，在小小的土砖房里散开又散开。也许已经很久没有与人畅谈，李大爷显得特别健谈，故事说也说不尽，茶也续了好几次。在李大爷的故事中，我仿佛看见了他的老伴、他白手起家的儿子以及他那些调皮可爱的孙子孙女。在清茶的香气缭绕中，我好像嗅到了一种淡淡的空虚和隐隐的寂寥。

离开李大爷家的时候，天色已晚，瘦高的李大爷扶着门框送我出门。他抬头看了看天色，提醒我将会下一场微雨，低头的一瞬间，他看到了门上挂着的一盏节能灯。他的目光停在那盏灯上，喃喃地说："这段小巷夜里没有路灯，有一次我儿子赶夜车回来，看不清路就被门外的石头磕到了，他怕我走夜路看不清，就请人安装了这盏灯。这里的土房子看上去都差不多，有时候曾孙子回来认不到房子，所以我白天坐在门外，夜里就把这盏灯打开，好让他们认得回家的路。"

看着那盏安静地挂在门楣上的灯，我的眼眶不由地有点湿润：一个在外漂泊多时的游子，背着一路的风尘，回到家乡凭着门外一个独自呆坐的老者，或是一盏孤灯，认得回家的路。想想在外受过的冷眼、坐过的冷板凳、吃过的闭门羹，等在家门外那个瘦瘦的老人、那盏小小的孤灯，是人世间多么奢侈的温暖……

懂事的姐姐，乖巧的弟弟

调研活动进行到尾声，手上的问卷已经做得差不多，游走在最后走访的一个村落——富金村，我在一条小巷里听到了两个小孩念书的声音，女童声音带头，男童声音像回声那样跟着响起，稚嫩，却有力。

听见我的脚步声，坐在石阶上的两个小孩抬起头来戒备地看着我，女孩拉起男孩的手往屋里走，她把铁门拉上了，还下意识地把男孩护在身后。在这个有点尴尬的时刻，屋里走出来一个与我年纪相仿的女生，她客气地问我什么事情，在我说明来意之后，她请我到屋里坐。小女孩始终牵着弟弟的手，小心又好奇地看着我的一举一动。

在我和小孩的大姐姐聊得熟络以后，两个小孩也对我放松了戒备，他们开始向我提各种各样的问题，而且带我看他们做的手工和小园地。

小女孩5岁，小男孩4岁，是一对兄妹，小女孩说妈妈在地里干活，爸爸在城里打工，平时她在家里教弟弟识字念书，用的是向邻居小孩借来的幼儿园教材。大姐姐在镇上读中学，平时寄住在姑妈家里，大姐姐不在家的时候，就由她在家看管弟弟。她自豪地告诉我，弟弟很听她的话，他们一起吃饭比快，妈妈农忙的时候她还负责给弟弟洗澡。说到爸爸，小女孩清澈的大眼睛就显得有点黯然了，她说爸爸只在中秋节和过年回家，平时都在城里工作。说到小伙伴们都有父母在家照顾，小女孩说等爸爸赚了钱盖好了房子，他们就可以和爸爸一起生活了。

大姐姐说两个小孩很懂事，每次爸爸回来都给他们带好吃的，家里也添了不少电器和家具，他们家过去做饭都是用火灶，几乎没有现代化的电器，现在用上了煤气炉，还有洗衣机、热水器、消毒柜等家用电器，妈妈干的活少了很多，他们的生活也因此轻松了很多。最近爸爸还在电话里告诉他们下次他回到家里就要装空调了，9月份弟弟和妹妹都要送去幼儿园，跟其他小朋友一样上学了。每次爸爸回来，小孩都抢着给爸爸表演学到的东西，背诗、讲故事，甚至自己吃饭不用大人喂都可以让他们在爸爸面前自豪一番。

集合的时间到了，我匆匆与小孩们道别，小女孩最后问我：“姐姐，爸爸回来看到我和弟弟听话，不惹妈妈生气，他会很开心吧?”

没有办法待在小孩子身边尽父亲的责任，是一个父亲最无奈的痛楚。小孩子懂得照顾好自己，懂得相亲相爱，当然可以让一个长期在外无暇照顾家里的父亲感到欣慰和幸福！

你们的亲眷，政府来守望；你们的小孩，强镇来护航

蚬岗镇共有老年人约 2 500 人，其中符合政府低保政策的老年人均领取了低保及相关的生活补贴，镇政府和基层单位也会定期慰问与探望各村落的独居老人。各村落的大树底下均修建了长椅，让老人茶余饭后在树下乘凉和聚会聊天，过节时祠堂门前有舞狮舞龙表演供村民娱乐观看。一系列的便民惠民措施，使得镇上的老年人普遍老有所养，老有所乐。

图 16　独居老人在休息

我们到达镇上的一段时间里，蚬岗镇镇领导都在为建设教育强镇的工作忙碌。全镇投入人力、物力、财力，为幼儿园至中学的各级教育机构配备更具规模的师资队伍，增设多媒体等教育设备，为学校增建校舍，使得蚬岗镇的教育质量得到了质的提升。此举使得城乡教育资源的差距进一步缩小，不仅增强了乡镇学校的教学实力，而且为蚬岗镇的全体学子创造了更好的学习环境。

蚬岗镇各个村落里，都有在他乡创业打工的游子为家人争取到的幸福，也有家人为他们守候着的幸福。这份幸福，也许只是家人相聚的一宿半天，也许只是灯下一顿算不上丰盛的普通家常菜，也许只是一场推心置腹的深入谈话，也许只是一张人丁到齐的全家福。就像放风筝，亲人在这边，风筝一样飘荡着的游子在另一边，无论线放得多远，距离多远，他们始终紧紧地牵连在一起。

执 笔 人：叶姗姗

指导教师：何耀明

在杨树容家的谈话

——金一村采访手记

2011 年 8 月 23 日，天气异常闷热。

这是一个典型的珠三角小村。一条狭窄的河道将小村一分为二，河道的北边是居住区，狭窄的楼房一座挨着一座，密不透风，间或有几家门口贴着房屋出租的广告。河道的南边是生产区，几十家小五金生产作坊紧紧地挤在一起，机器操作的响声在这个狭小的空间里刺耳地回荡，据说这些产品将运到世界各地。与珠三角别的村庄略有不同的是，穿过生产区狭窄的村道，往南走大约 500 米，村道左右几排矮小的瓦房出现在眼前。放眼望过去，右边的比左边的稍微多几排。这些瓦房有一个共同的名字叫“乐万家——外来民工居住之家”。不要小看这几排瓦房，它作为外来工管理模式创新典范，已经被一些媒体树为典型，也吸引了珠三角其他一些城市过来取经。

我们的主人公杨树荣就住在左边的其中一间瓦房里。8 月 22 号的时候我们在“外来工居住之家”小卖部买水的时候碰到他。这是一个健谈的青年，是我们理想的采访对象，于是约定第二天去他们家采访。

23 日早上 7 点，我们在小卖部见面，他先带我们去他家。通过昨天的交流，我们知道他 25 岁，已经结婚，有两个孩子，小的还不到 1 岁。妻子和他是老乡，姓杨，也是从贵州过来的，现在在家里带小孩，没有上班。他领我们去他家的时候，他的妻子小杨坐在房门正对的床上给小孩喂奶，看到我们不好意思地别过身去。杨树荣招呼我们坐下来，他要准备早餐。说实话我们有点后悔这么早过来。他们将所有生活都浓缩在这个狭窄的 12 平方米的房间里，做饭、睡觉、小孩做作业的地方都在这里。屋子里只有两把椅子，他的大女儿坐在其中的一把上，好奇地盯着我们这些外来人；另外一把上面放了些衣服。这个狭小的空间因为我们这几个陌生人的到来变得更加逼仄。

杨树荣给自己盛了一碗面条，坐到放衣服的椅子上。看到我们没有坐，有些不好意思，让我们都坐到床上去。他的妻子小杨这个时候也意识到这个问题，拉着我们坐到床上。小杨告诉我们，床垫“很干净的，每天都擦”。杨树荣头也不抬地说：“她在家就负责这些家务和带小孩。”我们问他：“你一个人养一家4口压力大不大?”“还好。”杨树荣放下碗，喝了几口水，回答我们。“你每个月能赚多少?”“没班加的时候2 000多，有班加的时候3 000多。”杨树荣一边整理上班的行头——烟、手机、钥匙、打火机，一边回答我们。这时他的妻子小杨插了一句：“他已经好几个月没加班了，他们那个厂都没什么活干。让他换工作他也不换。”不过杨树荣显然不同意老婆的意见：“不加班也好啊，自由，可以早点回家。”小杨一边笑一边端水给我们喝，并不反驳杨树荣。

七点半左右，杨树荣告诉我们他要去上班了。对于同学们说去看看的要求，杨树荣很为难地拒绝了。他说那里很热很吵，怕我们这些大学生不适应，让我们待在他家里，等他中午12点回来再聊。临走的时候，杨树荣特意叮嘱老婆：“今天好热，你要开空调。”这个时候，我们才发现在床对面的案台上有一台大约十几寸的电视，在电视上方稍微高点的地方，确实有一个空调，而且并不旧，与已经脱皮的墙壁和尼龙袋遮住的屋顶形成鲜明的对比。

小杨看我们盯着空调，以为我们热，执意要打开。我们觉得不好意思，和她讲现在还是早上，不开也可以的。小杨倒安慰我们没关系，有时候她一个人在家带孩子也开的，再加上电视，夏天的电费每月总是要一百多元的。我问小杨：“你一般看什么电视呢?”“电视剧，像《还珠格格》这些的。”“不看《新闻联播》吗?”“有时候打开了，没好节目也看，一般不看。”“那国家大事你从哪里知道呢?”一个同学插了一句。“有时候老乡谈谈就知道，没谈没注意，好多都不知道。”小杨笑着讲。这对小夫妻有个共同特点，说什么话都带着笑，让人觉得舒服。

他们的大女儿对我们的照相机很感兴趣，我们从脖子上卸下来，准备给她瞧瞧，但这个举动好像吓到小杨了，赶紧让她女儿别动，怕弄坏了。我们告诉她没关系的，她也不愿意，说女儿太野了，这个那么贵，弄坏了不好。小姑娘不高兴，向妈妈要钱去小卖部买东西吃。小杨从枕头底下掏出一些零钱给她，小姑娘笑嘻嘻地跑出去了。小杨笑着告诉我们，大女儿就是嘴馋，过了暑假就该读书了，但是在哪里就读是她目前最头疼的问题。金一村的村办小学她问过了，进去倒是可以，但是要排队，也不知道能不能排上。附近有一个民办小学，不用排队，但是每半个学期要 2 000 多，太贵了。如果实在不行，就送回贵州老家读。一个同学提出自己的看法：“和爷爷奶奶一起没有和自己的父母在一起好。”但是这一点并没有让小杨丧气，“我们那里都是这样的，大部分都是送回去给老人带。不说我们村，在金一村打工的这么多老乡，也有好多住在这个乐万家的，都是送回去的。”“没有父母管教，成绩可能会不好，要是考不上大学怎么办?”同学依然不依不饶。小杨拍了拍熟睡的小儿子，给我们讲：“我当然是希望她能够读大学的，但是如果没有考上，那就学门技术咯，我们有些老乡有技术，一个月有三四千。看电视上放，现在有些大学生都没有那么多。”小杨的这个观点倒是让我们这些大学生无话可说了，双方都显得有些心事重重。

小杨的大女儿又带了几个小孩嘻嘻哈哈地冲进来才打破了短暂的沉默。小杨告诉我们，这都是老乡的孩子，暑假过来玩的，他们父母都工作去了，她就帮忙看看。我们注意到小杨说的最多的是老乡这个词汇，就问她一般和谁交往，她对我们的问题似乎有点惊讶，说就是老乡呀，还能和谁呢。我们问她：“不和本地人交往吗?”“从来都没有。”小杨很肯定。小杨告诉我们她来了 4 年了，和本地人说话都少，更不用说交往了。我问她：“那你老公呢？和老板有交往不?”“就是打工的关系，也从来不交往，人家也看不起我们。”小杨告诉我们他们在这里租房的一个重要原因是这里有老乡，在一起有一个照应：12 平方米的房子，每个月 130 元租金，还要几百口人共用厕所，不便宜也不方便，但是老乡在一起，感觉有依靠，谁家有个什么事，可以说一声。小杨还告诉我们一个我们没有发现的秘密，在这个外来工居住之家里，房子看起来一样，其实也是有区分的，最靠外边的两排住的是四川人，往中间是广西人和江西人，再往厕所这边是贵州人和湖南人。大家都有区分，不会乱住。

小杨的儿子醒了，大概是要妈妈抱，哭闹了一会儿。于是小杨提议带我们出去走走。我们也正好有机会仔细看看这个乐万家小区。哪里是厕所，哪里是小卖部，村委会又在哪里，小杨一一地指给我们看。不过对于村委会，小杨似乎有些意见，她告诉我们，这些房子只见人来收租，从不见人整修，都盖了 10 年了，墙壁都不再刷一次。最惨的是下雨天，水都进屋了，喊了村委会的人过来看，都说自己没办法，每年收这么多租金，都是发给本地人，从不整修。住在乐万家的外来工，电费每度都比本地人多交一毛钱。有同学问她：“这些意见有没有去反映?”“去哪里反映呢？反映有用吗?”小杨对我们这个建议似乎并不满意。不过住在小杨家斜对门的那个老人又好像点燃了小杨的希望：“那个奶奶一家6口都住在这里，好辛苦的，不过他们去年回家盖房子了，今年再赚些装修钱就好了。”小杨告诉我们，她和杨树荣盘算过了，这几年生孩子没办法存钱，过两年孩子大了，可以给老人带，两个人在外做工四五年就可以回家盖好房子，再也不出来了，回家做点小生意，开个小店是最好的。

说这些话的时候，小杨终于又露出了笑容，这笑容和她怀抱里的儿子的笑容一样甜美，说到底，她也只不过是个22岁的年轻姑娘。我们提议等杨树荣回来就给他们全家照相，这个提议让小杨特别高兴。

快12点的时候，杨树荣回来了，一身的汗，但他并不烦恼，将两个小孩都抱起来举了举，看见我们才不好意思地放下来。我们问他辛不辛苦，他说习惯了，不辛苦，就是有时候有些无聊，无聊的时候喝喝啤酒，去网吧上上网。我们问他去过高要市区没，他说没有，连镇上都很少去，过年坐火车回家去过肇庆一次。“肇庆发生的一些事情，有时候上网也知道一些。现在正在换届选举，对吧?”杨树荣笑着反问我们，“不过我不关心，也不关我的事。”杨树荣一脸无所谓的表情。我们再问他：“肇庆市农民工积分入户这些政策，你关心吗?”“不关心，也不相信，你看我周围有谁真正入户了，都是喊的。”杨树荣点了点小儿子的鼻子，“反正我们是要回家的，对不对?”

小杨做好了中午的饭菜，执意要留我们，但是这狭小的空间怎么容纳得下我们这些外来客人呢？再三拉扯后，我们还是决定和热心的主人告别。临走前，以空调为背景，我们给这热心的一家人留了一张合影，他们每个人都笑得很开心。

执 笔 人：黄洁芬　蓝芷玲　温楚欣

指导教师：张　惠

农村基层民主选举制度思考

——河台镇基层民主选举调查手记

作为高要市社会主义核心价值体系调研组第三组的我们，总是饱含活力、充满朝气的。虽然说要经过一个多小时颠簸的路途才能抵达最偏远的河台镇，但我们仍保持一颗积极好奇的心，总是兴奋而又期待地欣赏着沿途的风景。如此偏远的河台镇，在我看来，应该没有多出奇的地方，和我农村老家的现状差不多，所以我的心理准备还是挺充足的。

图 17　调研小组出发采访

我总觉得，像这种“靠山吃山，靠水吃水”的小村落基本上都是一个样：经济落后但能维生，生活辛酸但有甘甜，文化低俗但有民风。如此一来，农村生活的确有令人羡慕的一面。可是，制度虽好却会乱套，人情虽重却易反目，利益虽少却易腐败。这种种问题的出现，已足以引起我们的担忧。

一路上，我总是迫不及待地想从司机那里多了解河台镇的一些情况，一个靠农田、沙糖桔、玉桂等农产品维生的小镇肯定有它的特色之处。那青青的田，那悠悠的路，那静静的山，看起来是那么的纯净、那么的可爱，那么这方山水养育出来的村民们是不是也一样的纯朴？我不好奇这里的山山水水，来到此地，只是希望真实地感受一回这里的风土人情、这里的人文环境，因为我总是希望能在此找到一片心灵净化之地。

图 18　都权村村委会

为了能争取多一点的时间，我们没有多作休息，就开始了调研活动。在这 4 天里，我们的行程排得满满的，除了完成那 120 份的问卷之外，还走访了河台镇有代表性的 3 个村（都权村、罗建村、罗仁村）。在与当地村干部和村民的交谈中，我们了解到了农村的可爱之处，也意识到了当地所存在的隐患。在小小的乡镇里，我们总是坚持去挖掘一些值得研究的事物，而我们的焦点集中于农村的基层民主选举、新老干部的对比、农村医保、农村的教育以及当地最具特色的“开耕节”。

最落后的群体，最民主的选举

农村实行以民主选举为基础，以村民自治为主要内容的民主制度，深化了中国的民主政治发展。试想，要是农民都能搞好选举，那就减少了许多问题产生的可能性。时至今日，我无不对贫穷山区里的农民们产生敬意，他们的信仰程度很高，一如既往地拥护中国共产党，紧密地团结在党的周围。这不是夸大其词，虽然我不能与这些村民进行顺畅的沟通，但从他们的一言一行、脸部神态和起伏的心情来看，已足以让我感受到他们的心声。从这些人口里，总能听到“党中央政策好，总能为我们着想”、“我们相信共产党，但不相信打着共产党的旗号来干其他勾当的不良分子”。由此看来，村民是多么信任共产党，只不过是憎恶那些玷污党的肮脏行为。基层民主选举制度是神圣的但又是抽象的，要想把它融入村民的生活里，必须让他们真正感受到自己的权利在党的领导下慢慢扩大。

村民的民主选举，旨在让那些有才能的人担任村干部，真心实意地为村民谋实事。每三年一次的换届选举，着实能让这里的小村落轰动一回。当我们向村支书提及村里的选举制度时，村支书毫不犹豫并严肃地回应我们，他们都是通过百姓投票选出来的。我们也向当地的村民了解到，这项政策确实给他们带来了更多的权利，他们为自己手中拥有的神圣一票而感到自豪，就如当家做主人有了发言的权利，正因为如此他们时刻关注着村里的选举和重大事务。都权村、罗建村、罗仁村这 3 个村的民主化程度有小小差异，而且选举文化也有异同，但总体上还是认同村民委员会的民主选举。做好了基层民主选举，才能真正实现让有能力的人来担任村干部，同时能使干部年轻化，改进村里的管理方式，扎实推进农村的基层建设。关于这点，都权村表现得较为保守，没有强烈地凸显出民主选举制度的特色。罗建村的情况则具有借鉴意义，这个村的干部稍显年轻化，管理比较到位，并能联合村里的宗族文化，齐头并进、相互约束地管理着村里的事务。罗仁村是一个偏远又贫穷的小村，但它就如世外的桃花源，这里的村民自我满足程度高。据我们的了解，这里的村干部都是由 18 周岁以上的公民投票选举出来的，他们积极而又主动地配合干部们的工作。从总体上来看，一项具有价值的制度能引导一种良好的管理方式，基层的民主选举制度给农村带来了另类的文化，但是否能形成良好的文化氛围，则需要指引他们走正确的道路，避免在某一个环节里变质。

“不怕黑社会，就怕社会黑”

“不怕黑社会，就怕社会黑”，这句话是我在采访都权村一位姓梁的村民时听到的一句话。我注意到他说这话的时候，表情显得凝重，时时能看到他眼里的愤怒。一句如此精辟的言语，道出了他心底的那份积怨。本来他有戒心地回避我的采访，不过了解了我的调查目的后，希望我能将这些问题反映给社会大众而不是政府高官。对于他们这一类基层百姓来说，他们任何时候都相信共产党，但就是不相信打着共产党的旗号做其他勾当的人，当前许许多多的口号已蒙蔽了他们的眼睛，几乎不能分清孰是孰非。关于村里选举制度的施行固然是一件好事，但产生了不透明、不公开的现象，已失去了公平性，甚至稀里糊涂地就让获选票少的候选人坐上村里第一把交椅。

在走访这些村民的过程中，我们还隐约地了解到，干部的选举还夹杂着金钱的交易，当地也出现以 100 元到 200 元不等的价格买选票的现象。法律上的漏洞使得经济上还处于相对贫困的农民，在利益的诱惑下拱手让出自己的权利。类似于此类不公平的选举手段，还存在暗箱操作、暴力威胁、宗族化、家族化等问题。其实，农村之所以形成缺失民主的基层选举制度，是因为我们在执行的过程中没有严格按程序办事，缺少监管。在利益孵化下的执行者，所谓的民主便成了他们生存的外衣，就如村民口中所述“有些干部不理贫民生死，只求乡里领导看得起”。在问卷调查的过程中，村民普遍都对贪污腐败的官员产生厌恶心理。不过我听到一种更为滑稽的言论，就是中国出现的南海问题都归咎于中国官员们的腐败和软弱，这种言论虽然说没有可靠的依据，但已经反映出基层百姓的心理状态，这难道还不能让我们明白到为官必须清廉的重要性吗？向往光明的人总是有希望看见曙光，黑社会并不可怕，只要我们仍有一颗明亮的心，就有战胜的希望，这个社会还需要由我们来支撑。

制度引领民主，推进基层建设

农村就好比处于金字塔的最底端，要是出现裂痕了，那么整座塔就会面临坍塌的危险。村民所思，无非就是希望这个社会是讲公道、促和谐的，清清白白做人，有尊严地保留那一份属于自己的权利。淳朴的他们，或许永远不会追究制度的错误，但他们会挑剔执行政策的人以及施行政策的程序。要是选举如实进行，而村民的民主权利表达顺畅，又如何会产生怨气？在我看来，至少我相信罗仁村的村民们是幸福的，从他们脸上洋溢的笑容就知道他们为自己手上紧握的权利而自豪，他们甚至担忧他们的代表人是否太过于劳累，因为他们明白那一份微薄的工资根本就不能冲抵干部们付出的辛苦。

通过此次调查，我们发现在法律制度不严谨不健全的落后农村里，利益的偏向也能造成民主的缺失。对这种在金钱利益左右下的选举必须进行改革。时下贫穷的百姓们再也容不得被抛弃，不然他们就会对自己甚至对整个社会失去信心。

其实他们的欲望不大，只是希望能简简单单地做人、平平凡凡地生活，充分行使手中应有的权利，顺畅表达自己的意愿。

执 笔 人：陈美芳

指导教师：卢永和

新型农村的基层教育牵挂

——河台镇教育调查小记

随着肇庆学院与高要市政府合作的社会核心价值体系的社会实践活动的进一步开展，我认识了“黄金之乡”河台，了解了这里的风俗文化，体味了这里的淳朴民情。与大部分农村地区一样，河台镇的人民大都靠辛勤艰苦的劳动来维持生计。河台镇又被分解成一个个村，村由一条条巷（亦叫“里”）来组成。小小的村庄蕴藏着大大的生命力。从我们居住的招待所走下来，可以买水果、看人家剥花生、做手工艺，肚子饿了可以走进餐馆吃东西。横移几步，发现对面有一间琳琅满目的杂货店，店老板正在看着《南方日报》，我与他讨论了一下今天有什么新的大事发生。除此之外还会经过药材店、五金店、茶叶庄、单车修理店、简陋工厂。每一张都是陌生的面孔，脸上都带着友好的笑容。

与全国大部分的农村地区一样，农村文化建设与经济发展有脱节的地方。为了尽快让农民们享受更好的生活，在有限的农村收入中大部分的投入都倾向经济发展，这使农村的文化建设得不到良好的发展。文化投入资金不足是农村文化建设相对滞后的一个直接原因。

“这附近只有一家幼儿园，都是附近的村民和金矿的一些员工子女到这里就读，很少有外村的孩子。”当地的村民跟我们说，“孩子都要爷爷奶奶看护，我们都要在外工作。”从村民口中，我们得到一些信息，这里的学校很少，教学资源严重不足，大部分小孩都缺乏学前教育，缺乏应有的知识启蒙。在对罗仁村的调研中，当地的村干部还和我们说：“在我们村，原本小学还有 6 个年级的，因为前两年生源的减少与教育经费的投入不足，现在只有一到四年级，五、六年级学生只能到外村继续完成学业。”教育的投入不足已使农村教育难以生存。

图 19 调研小组成员在与村民做问卷（一）

文化是社会历史发展所创造的物质财富和精神财富的总和，更是一个民族的根和魂。建设和谐社会，建设新农村，文化建设是一个基本要求。“九年义务教育”不是一个新的名词，加大投入，培养新一代知识农民才是建设新型农村的真正目标和方向。在农村振兴行动计划中，坚持把农村摆在重中之重的位置，加快农村教育发展，推进农村义务教育是今后我国教育发展的重点，然而在这样的方针前提下，在农村基层实行的情况还存在落差。在河台镇中，只有镇中心街道有幼儿园，辐射范围少，学生大部分都是街道上和邻村的小孩。交通不便成为上学难的重要原因之一，路途遥远加上农村小孩都是由祖辈看护，接送问题也成了上学难的一个不可忽视的原因。村民的隐忧是一方面，另一方面幼儿园也有难处。河台幼儿园园长说：“几年以来就一直没有提升过学费，每月 190 元，包两餐饭，这学期物价各方面均上涨，我们已经收不抵支。”

步入新世纪以来，我国提高综合国力的核心就是人才的培养。“百年大计，教育为本”，教育是现代文明的基石，提升综合国力，提高国民素质必须加大教育投入力度。大部分村民还是相信知识能够改变命运，无论条件有多艰辛都要培养一个大学生。

在走访的过程中，我们看到一个埋头苦读的小女孩，一旁工作的妈妈告诉我们，她的女儿热爱读书，还考过全镇第二名，还有一个弟弟成绩也相当不错。在她整理农具的同时还说：“我们村呐，今年还考上了几个本科生，其中一个还考上了清华大学！”

图 20　调研小组成员在与村民做问卷（二）

面对着资源不平衡，竞争不公平，向上之路更不容易，但是我们并不担忧社会阶层的固化，我们坚持知识改变命运的信条。农村人口占全国人口的大部分，受教育人口也远远大于城市，农村的教育是一个根基，一个国家要不断向上发展必须稳固根基，只有根深蒂固才会长成参天大树。但是，在农村基层教育一线的老师的基本工资和福利待遇与城市有落差，农村教育缺乏教师资源，这使农村落后的状况雪上加霜，和城市的差距更大。

农业、农村、农民的问题始终是关系我国经济和社会发展全局的重大问题，坚持“多予、少取”的方针努力改善农村的生活条件才是硬道理。新的时代，新的文明，农民不再只是拿着锄头干活的底层阶级，他们是协调农村发展的新势力。新农村和旧农村并不是由经济来衡量的，只有加强新农村文化建设，突破农村基层教育的瓶颈，更好地满足农民日益增长的文化需求，发展大众所喜闻乐见的大众文化才是新农村建设目标所在。

执 笔 人：李建森

指导教师：卢永和

浅谈农村医疗现状

——高要市河台镇关于践行社会主义核心价值体系调研下乡记事

此次去高要市河台镇下乡调研，主课题是调查农民阶层关于践行社会主义核心价值体系的情况。在卢永和老师的带领下，我组根据实际，基于对农民所关心、所谈论的基本情况，制定了农村选举、医疗、教育、基层村支书工作和该镇独具特色的“开耕节”共五大子专题，分专人跟进调研，而我跟洁莹主攻医疗专题。

河台镇地处广东省高要市西北部，东望肇庆市，南连禄步镇，西接德庆县，北通广宁县，是全国闻名的“黄金之乡”。全镇总面积150平方公里，其中山地面积16.9万亩，耕地面积1.6万亩，辖20个村委会和1个居委会，是一个山多地少的偏僻之镇。此次调研，所用时间为四天三晚，因为时间特别紧，加上各村之间路途遥远，要调查所有村委实属困难。经过镇政府工作人员与我组带队老师商量，我组选择都权村、罗建村、罗仁村3村为此次调研地。

医疗保险是国家惠民的重大政策之一。相对于城镇或城市居民来说，农民如果办理了医疗保险，得到的实惠感和满足感更强烈。在农民以往的认识中，小病小痛，依靠经常劳动的健壮身体，可以挨过去，只有实在起不了床时，才不得已去诊所或者医院看病。确实，经常劳作的身体，相对不务农的人群来说是比较健壮的，有些诸如普通感冒、头痛之类的小病痛拖一拖就会自愈，但是这样做存在隐患，很多大病甚至癌症就是小病拖的，等到造成不可挽回的后果时悔之晚矣。自从农村医疗保险制度出台之后，有病只拖不医的情况相对以前来说少了。但也有少部分人还是会认为这没必要，也有点不吉利（因为办医保就会觉得自己已经断定这一年会经常生病一样）。总的情况是一个村大部分人都会去办理医疗保险，并从体验中得到实惠。

从村民对是否愿意办理医保的态度上看，村民对办理医保的热情度还是很高

图 21　调研小组成员在与村民做问卷

的，但对不同的年龄层来说（因为所调研的农村相对来说比较贫穷，青壮年大多外出务工，本处指在各村内的中年人和老年人两大群体），因为经济能力的原因，他们对医疗保险制度有不同的经历和体会。

在都权村的大树下，我们和一个 66 岁的老爷爷就他生活的基本情况进行了一番交谈。老人住在村里的养老院里，有一个儿子在广州务工。老人年迈做不了农活，平时就跟其他老人在榕树下聊聊天，到时间就回养老院吃饭。老人对现在村里的生活还是挺满足的，就是生活孤单点。当问及老人关于医疗方面的问题时，老人就说到了他们院有一个老人，病得很重，但是也没想到去看病。他说，在老人看来，平时小病小痛就去诊所看病，而一些大的病痛就不想去了，怎么叫都不去。因为老人没有收入来源，医保的按比例报销制度，平时小病小痛可以去看病开药，但是如果诊断出比较重一点的病，虽然报销比例比普通病痛的大，但是自己出的部分还是没经济能力支付，就算勉强可以，也不想增加家庭的负担。老人话中充满着深深的无奈。

在罗建村的宋氏祠堂里，许多老人就坐在祠堂大门门槛或旗杆石上聊生计。一个 54 岁的男子在做调查问卷时针对他自己在医院的经历说了一些感慨：“银子摞命（医院就是要看钱才治病）!” 他还告诉我们，在医院，发烧就开补药，镇医院的要满 200 块才能报销，还只是药费，不计住院费用。小病就当大病治，照 B 超、验血、大便化验，一样不误。有时候，镇医院还会跟人民医院串通，把村民的小病夸大，要他们到大医院去看，而村民往往最后不是不想治，而是没钱治。而且他们并不太清楚报销比例有多大，能省多少钱。

在罗仁村的一个焦姓老农家里，老人为我们讲述他们家里关于医保的事。老奶奶十几年前上山割草，弄伤了自己的脚，到如今已经无法单靠双腿走路，一天要花45块药钱；六媳妇3年前得肺癌，3年用了十七八万，四处借钱，而医保对他们的帮助微乎其微。因病致贫，他们迫切希望国家能多对癌症等重症病人加大保险金额，给农民更多的帮助。

以上3个村的村民对医疗的希望，总结起来有这么几条：医保的报销比例能够增加，医院不要借医保报销之便多开药，国家对程度不同的病症实行不同的保险比例待遇，用药公开化等。

图22　受访者在劳动

医疗说得通俗点就是看病，是医生采用各种方法解除病人病痛的过程的总和。看病离不开医药和医务人员两大领域，从某种层面上讲，我国现阶段这两个领域的制度还是比较完善的。我们在采访河台医院的梁院长时，他表示，在药物方面，药目药价表都公开，农村诊所出现的问题主要是药目药价的监管方面；在药费上，全部报销当然好，但是目前不太可能实行；而药价虽有上升，但还是严格按照全省统一规定的药价表实施，总体上还是实惠的。在问及所报销费用从哪里提取时，黄院长说是由乡医新农合作医疗反哺乡医院和村医疗机构；同时，也表示本镇村民虽然贫穷，但是在医疗阶段出示医疗保险卡的村民非常多，可以说明医疗保险在村民中已有相当的群众基础。但是，村况不济，许多人因病致贫，所以报销比例最好是逐年提高。

在医务人员方面，在农村，医疗机构主要以小诊所为主，而小诊所的医务人员都是村里选送去上卫校毕业之后归来的，医疗水平有限，所以当务之急是提高医务人员的素质。另外，医务人员的配备不足、资金短缺、设备落后等都是农村医疗事业改革中的难题。

国家要强盛，经济要发展，前提就是要让全国人民有健康强健的体魄，而农村医疗事业，关系着9亿农民的健康。富国民强，国富了，同时还要民强，才能进入新的阶段；国富，人民的医疗水平差，就是蹩脚的经济发展。医保虽然很大程度上能给农民实惠，但是，如果农村的医疗水平没有很大的提高，要从根本上解决农民“看病难”的问题还是不可能。

执 笔 人：廖启鑫

指导教师：卢永和

那人，那事

——高要市禄步镇调查手记

2011 年 8 月 25 日下午，我们第五调研组全体成员，在领队康庄老师的带领下，由禄步镇宣传干部罗伟成同志陪同，驱车前往本次调研活动的第七站——禄步镇樟路村。虽然烈日当空，更兼几日乡间的奔波辛劳，但大家的工作热情丝毫不减，一路上尽是欢声笑语。车窗外的葱葱玉树剪影般从眼前掠过，大家呼吸着来自山野乡村的新鲜气息，心中充满了期待。

图 23　走进禄步村民委员会

通过罗伟成同志的介绍，我们了解到樟路村包括 9 个自然村，今天下午到达的第一站就是其中一个——苏路村，采访的对象是当地的一位柑橘种植大户成启新。在车上我就不禁揣测：那会是怎样的一个人？他会不会很严肃呢？他会配合我们的采访吗？在颠簸中，车子爬上了一条果林中的碎石小路，很快我们便来到了成启新位于半山腰的家中。等到他真正出现在我们面前，我才发现自己未免多虑了。与中国大多数农民一样，年过六旬的成师傅穿着朴素，脸上满是亲切憨厚的笑容。他们夫妇热情地接待了我们，为我们端茶送水，一下子把我们的紧张和顾虑彻底打消了。在亲切的交谈中，成师傅向我们述说了他与柑橘的故事。

图 24 采访柑橘种植大户成启新

迄今为止，成师傅种植柑橘已经有 7 年的时间了。从 7 年前对柑橘种植一无所知，到逐渐掌握种植规律，再到现在的种植大户，成师傅言谈中流露出许多感慨。7 年前，成师傅为了改变家庭的贫困状况，勇敢地迈出了种植柑橘的第一步。当时苏路村已经有一些村民开始种植柑橘，成师傅虚心向这些种植户学习借鉴成功经验，再加上自己在种植过程中不断引进新的种植技术，改良种植方法，最终取得了巨大的成功。现在，成师傅独自承包了近 100 亩的柑橘园，共有近 4 000棵的柑橘树苗，并在 2009 年被授予“肇庆农村青年创业示范基地”的光荣称号。当我们问起成师傅在种植过程中遇到的最大困难是什么的时候，他回答到莫过于柑橘果苗的枯死。在成师傅眼里，果苗无疑就是他的孩子。如同父母对孩子小心呵护，成师傅盼着它们快快长大。可以说，这些树苗承载了成师傅一家对幸福新生活的期盼，是他们对未来的希望！

采访过程中，成师傅通过镜头表达了他对当地政府的敬意和谢意。首先在采购树苗上，当地政府对成师傅及时提供了资金上的支持；其次就是在种植柑橘时，当地政府也给予种植户相当大的技术帮助。种植果树不是一件易事，种植柑橘的成本也很大，化肥、农药、人工都需要资金支持，每项成本预算对于成师傅来说都有相当大的压力。现在，种植柑橘的化肥、农药可以先用后付款，这项举措无疑大大地减少了种植的资金压力。成师傅还说，近几年来，为支持“三农”建设，国家出台了一系列支持农业发展的优惠政策，当地政府也积极落实这些惠农政策。像他们这种农民直接种植户，农产品是免征增值税的。成师傅还希望政府一如既往地支持他们，提供更多的资金支持。当我们问到“如果推荐一些新种子或者新技术，成师傅是会自己先主动尝试，还是等别人成功了再试”时，成师傅毫不犹豫选择了“自己主动尝试”，可见成师傅是一个大胆创新，敢于冒险的新型农民。成师傅还是一个关心国家大事的人，平时都会关注政府出台的最新政策和当下的热点民生新闻。他认为当下的社会面貌总体是往好的方向发展的，其中最能体现社会面貌的就是国家出台了一系列惠农优农政策。我相信成师傅只是众多农民种植户中普通的一员，在社会主义核心价值的体系建设过程中，会有越来越多的农民像成师傅一样走上致富的道路。

在采访过程中，我们还了解到成师傅以前是苏路村的村长，这多少让我们感到意外。因为无论是从衣着打扮，还是从谈吐言语上看，成师傅一点干部的架子都没有，依然保持着农民的本色。我相信，只要成师傅袖子一挽，就是个面朝黄土背朝天的农民伯伯，很难把他与远近闻名的柑橘种植大户相联系起来。采访结束后，在成师傅老伴的热心陪同下，我们参观了成师傅的家。成师傅的家是农村典型的平房，房间有些杂乱，除了一些必需的常用的生活用品，还有成师傅种植柑橘的工具。成师傅的老伴说，他们很喜欢在这里的生活，做了一辈子农民，早已经习惯与土地相伴的生活，看着亲手种的果子一点一点长大，那是有钱也买不到的幸福和满足。当我们问到成师傅对现在的村干部的看法时，成师傅对现在的村干部很是赞扬。他觉得自己以前没有为村民做到的事，现任村长不仅做到了而且做得很好，苏路村村民与村民之间相处也很和谐，这与村干部的亲民作风是分不开的。成师傅向我们描述他对幸福生活的向往和憧憬：生活温饱没有问题，工作不用很辛苦，交通和通信都很方便。而谈到对苏路村未来发展的期望时，成师傅希望村子里可以建设一个类似于酒堂或祠堂之类的场所，方便节日聚会时村民可以团聚在一起，增进村民之间的感情。最后，我们调研组的全体成员与成师傅夫妇在院子里亲切合影留念，访谈在一片欢声笑语中顺利结束。

图 25 禄步镇杨路村

离开成师傅的果场后，我们立即赶往调研的下一站——杨路村。车子行进在蜿蜒的山路中，抬眼望去，处处都是绿油油的稻田，其中还镶嵌着一口口的鱼塘。不到十分钟车程，我们就来到了杨路村。由于进村道路被砖石阻塞，车子开不进村，我们只好在村路口的池塘边下了车。绕过一个小弯，村子的整体面貌便一目了然。相对于之前我们调研过的 6 个村子，杨路村整体发展似乎落后其他村镇好几年。零零散散的村屋在祠堂两边一字排开，不少村屋的墙皮早已脱落。不少六七十岁的老人窝在祠堂里面闲谈，远处的大树下，一大群小孩在追逐疯跑，玩得不亦乐乎。更远处，还有一群人围在一起打牌，更有不少村民旁观。我们好不容易才说服了部分村民接受问卷调查，但大多村民的戒备心都很强，不太愿意接受我们的采访。为了更好地了解杨路村的基本现状和发展情况，我们对樟路村村民委员会文书麦肇坚进行了文字采访，采集到的基本信息如下：

杨路村的支柱产业是种沙糖橘，全村种植沙糖橘的占地面积约为 2 000 亩，全村约有 60% ~70% 的农户在种植沙糖橘，主要收入也来源于此。由于沙糖橘的种植是杨路村农业的重中之重，当地政府也很重视，在平时的农业生产过程中及时向果农提供资金和技术上的支持。例如，政府会向个别农户提供 3 000 元到 5 000元的贷款，以帮助他们解决资金上的困难；还积极向农民推广先进的技术，如在推广收割机上政府会给予一定的经济补贴。不得不提的是村里的 10 位沙糖橘种植大户，他们发展起来了也没有忘本，认为自己富了不是富，村子富了才是真正的富有，他们继续留在村子里为杨路村的发展作出自己的贡献。他们经常和村里其他种植户交流和分享经验，并向其提供技术和经验上的支持，还时不时回馈村民，向村民捐赠果苗等。

随着采访的逐步深入，从麦文书的谈话中我们了解到，虽然近几年杨路村的经济发展状况有些改善，但是由于杨路村长期以来一直处于贫困的状态，再加上种植沙糖橘本身就是一种成本高、风险大、生长周期长、回收周期长的产业，如果不幸遇到什么天灾人祸，导致收成不好，大部分果农一整年的努力也就打了水漂。这也是为什么我们一进村子看到这么多村民聚集打牌的原因所在。虽然当地政府和村委会努力让杨路村村民摆脱贫困甚至走上发家致富的道路，但是由于各种客观的原因，杨路村的现状一时之间难以改变。但是，麦文书表示，今后他们会继续努力，不放弃任何一户困难的村民。在与麦文书的交谈中，我们深刻地感受到麦文书作为一名党员村干部面对杨路村发展瓶颈时的无奈。

除了了解到杨路村的基本情况，我们还意外地从麦文书口中得知，有一位退休的毛泽东主席的警卫在杨路村居住，他叫李连庆，今年已经 82 岁了，虽然他已经退休几十年了，但依然在杨路村发挥余热。他非常热心公益，还出资筹办了当地的文化办公室，积极在村民之间宣传禁赌，在当地群众中起到了先进模范作用。

结束了对麦文书的访谈，我们也结束了在杨路村的调查工作。归来后的我们，却依然对杨路村存在的问题有着非常多的疑惑。在做问卷调查时，我们发现当地的留守儿童问题特别突出，二三十个孩子围着我们不停打转，不断地制造喧闹以引起我们的注意，似乎很想和我们这些陌生人接触，但又看得出他们很不好意思。可是当时由于时间关系没有特别深究，现在想来问题很多：为什么杨路村的留守儿童比其他村子多得多？为什么这些孩子的平均年龄那么小？难道他们都没人管教？难道他们都不上学？带着这些疑问，我们拨通了杨路村妇女主任钟主任的电话，通过她了解杨路村留守儿童的基本情况。杨路村的留守儿童比例占了全村儿童的绝大部分。为了家里的经济着想，这些孩子的父母在他们两三岁的时候就外出打工，一般过年才回家一次，孩子都由爷爷奶奶照顾。据钟主任介绍，这种现象在 2007 年、2008 年前后显得特别突出，这与杨路村一直找不到发展突破口，经济陷入停滞现状紧密相关。由于这种现象过于普遍，而且缺乏专项资金的支持，杨路村村委也没有更多地关注这个问题，只是协助学校对部分留守儿童进行辅导教育，对个别表现优秀的孩子给予奖励，没有更进一步的关爱留守儿童的相关措施。目前，部分孩子因为缺乏父母的关爱和管教变得没有纪律性，爷爷奶奶年纪大了也很难调教，远在他方打工的父母只能偶尔在电话里管管孩子。孩子们因为平时缺乏关爱，所以喜欢聚在一起吵吵闹闹，试图让自己显得不那么孤单。很多孩子基本读完初中就外出打工补贴家用，根本没有机会接受高等教育。

结束与钟主任的访谈后，我陷入了深深的思考中。中国农村目前存在的问题还有很多，留守儿童问题仅仅是其中一个很小的方面。在更广阔的大地上，在我们视线不能触及的地方，肯定还存在着种种问题等待着我们的政府去解决。农村的发展固然有其历史和客观原因，但问题的解决也应该一点点地落到实处，才会最终实现我们国家对文明和谐社会的伟大设想。我相信在党的领导下，随着和谐社会的建设和改革开放的进一步深入，通过全体人民的共同努力，农村问题将会不断得到改善直至最终解决。

执 笔 人：黄晓琳

指导老师：康　庄

与幸福对话

——关于高要市社会主义核心价值体系调研活动的调查报告

2011 年 8 月 23—26 日，本小组在高要市白土镇进行了“与幸福对话——高要市践行社会主义核心价值体系”的调研。白土镇位于高要市东南部，处于东经 112°36′，北纬 22°59′，四周分别与高要市的蚬岗、回龙、蛟塘、莲塘、金渡等镇相连，为高要重镇。建材、铸造、轻工是该镇工业的“三大支柱”，经济比较发达。

本组的调研对象主要是个体工商户，其次是私营企业主。填写问卷及接受采访的个体工商户涉及行业包括服装店、药店、美容店、餐饮店、五金店、机油店、电脑店、杂货店、小商店等，受访私营企业包括丝花厂、海产制品厂、陶瓷公司、服装公司等企业类型。采访对象还包括农民、摩的司机、的士司机、外来打工者、私营企业管理人员、清洁工、路人等。共回收有效问卷个体工商户 85 份，私营企业主 23 份，采访人数 30 人左右。

一、问卷调查中采取的工作方式和出现的问题

本次调查问卷发放采用了多种方式：

（1）镇里组织答卷。23 日上午 10 时左右镇政府组织了 18 位私营企业主，先由带队老师倪海燕进行了社会主义核心价值观的宣讲会，接着填写问卷，回收有效问卷 15 份。

（2）由工商局工作人员带领调研员发放。发放问卷 30 份，回收有效问卷 20 份。

（3）由调研员一对一发放。对比发现，这虽然是最辛苦却是效率最高最有效的问卷发放方式，大多数店主都很乐意配合，显示了他们良好的心态。

问卷及发放过程中存在的问题：

(1) 问卷问题过多，过于理论化，选项不全面。希望以后能尽可能做到问题设置生活化，整体简洁化，选项全面化。

(2) 语言沟通有困难。高要白土镇主要语言是粤语，大部分调研员不会讲粤语，在分组的时候应该也把这个作为考虑的因素。

(3) 问卷填写人员对自己的身份定位不明确，以致所填写的情况与真实情况有出入。调研人员应当在填写者填问卷前，弄清填写者的职业情况，避免有疏漏的情况出现。

(4) 部分学历低的人员没能力填写这份问卷，这意味着我们无法获得“不识字人群”的那部分数据，此区域为空白。

(5) 存在问卷并不是一人独立完成，家人也有帮其填写的情况。调查员应清楚地交代如何填写问卷并在旁做好监督工作。

二、采访情况

本次调研中的采访主要有两种方式：一种是填写问卷结束后进行简单的闲聊，了解他们基本的价值观，包括对社会主义核心价值观的看法等；一种是深入采访，全面或者选择一两个重要的话题与受访对象交谈，并做了相应的录音、文字和影像记录。两种方式兼顾了点与面的结合。

采访的问题主要有以下几个方面：

1. 关于社会政策与制度的问题

因为采访的主要对象是个体工商户，是享受到国家市场经济政策的群体，所以对社会制度与政策满意度都比较高。虽然也谈到税费压力的问题，但多数还是认为发展环境相比过去更好了。一些工商户表示，经营许可证等证照申办依据程序，还是很容易的。问及一些餐馆老板是否存在政府或公务人员吃饭打白条的现象，回答说并不存在。

2. 关于幸福问题

当问及幸福是什么的时候，每个人的回答都是不同的。一位 45 岁左右的杂货店老板在问卷的幸福值一栏勾上了 91 ~ 100 分。关于幸福的定义，他认为金钱和名利都不太真实，最重要的是家庭，其次是健康。一位 60 多岁的杂货店老板和 40 多岁的鞋店老板也都回答说，最重要的是家庭和健康。在 4 天的调研中，我们发现绝大部分个体工商户的经营模式都是家庭式，全家人既是老板，同时又给自己的店打工，其原因是不想离开家人外出打工，又想过着清闲的生活。一位家私店老板道出了大部分人的心声：我们去外面打工，去私营企业工作的话，工资就一两千块，我们还不如自己开店，自己当老板，而且，开一家店的收入，每人平均算的话，也差不多这个钱。我们自己开店，生活工作自由，又不用担心其他如工作迟到等。最重要的是，假如去外地打工，势必会在那里建立家庭，建立一个家庭，开销大，又不方便，还不如和家人一起。

私营企业主和企业经理阶层对幸福的看法则多样一些。某丝花厂主管，45岁左右，认为人生各阶段对幸福的定义不同，年轻时认为有很多钱就是幸福，现在觉得“天天开心，身体健康，家庭和睦”就是幸福。该主管收入较高，孩子已经大学毕业，没有太多担忧。另一主管则说：“知足常乐吧，我会给自己打80分。这个不能看社会，主要取决于自己怎样看待这个社会以及自己的生活态度。”某海产制品厂私营企业主谢厂长认为，关于幸福，是满足不同的需求层次。在生存需求等基本满足的情况下，更需要的是社会交往的需求。他说，小时候追求个人成功，希望能够光宗耀祖，如今当地政府称赞他办厂解决了地方就业的问题，为社会作出了贡献，因而感到有成就感和满足感。

相对于有固定店铺、和家人一起经营的个体工商户而言，一些处于边缘的“个体户”——摩的司机想法更加现实一些。在调研的4天中，我们接触了十来个摩的司机，他们很健谈，希望与我们聊天，希望被关注，希望自己的声音能够被听到。一位司机说，幸福就是不用工作又有钱，吃得好，睡得好；或者工作轻松，工资高。一位司机说，“有钱就是幸福”，不过须自力更生，不能想着不劳而获。他还说，目前没有让自己特别担忧的事情，个体户的生活自在，自己每天晚上工作之余在家休息看电视节目，也是一种生活享受。

此外，我们还采访了粮油店经营者、烟酒店老板、杂货店老板、小商店老板、路人、外来打工者等。大部分人表示自己很幸福，主要是因为现在有稳定的工作，生活有保障，都能以平常心看待事物，对生活充满期待，较客观地看待社会上的事物。认为自己不幸福的采访者都是一些没有稳定收入，工作艰辛的群体。

3. 关于社会价值观的问题，如诚信、社会道德的滑坡等

在问到是否会选择诚信经营时，大多数商铺老板都说会，原因是做生意不讲信用不可能长久做下去。问到如何看待地沟油和毒奶粉等问题时，他们都表示自己不会这样做，这样太坑人了。一位工厂女工认为，在企业的运作过程中，诚信很重要，这不仅仅表现在企业的经营上，还表现在老板对待员工的态度上，老板

诚信才能留住员工，为企业创造更大的价值。

对于爱国主义，很多人认为应该提倡。一位部门经理认为现今爱国主义应该大力推广，原因是现在的年轻人缺乏爱国意识，他们只管自己的生活怎么样，不太关注国家和社会状况，缺乏责任感。

关于贪腐现象，大家都认为目前贪腐问题较严重，原因在于政府的打击力度不够。调研组选择了问卷上的一个问题：是否会支持贪腐但能够给老百姓发福利的官员，有的选择支持，也有的认为这是不可能的，因为钱都进贪腐官员自己腰包了，有也不会发给老百姓的。

对于社会不公的现象，调研组选取了如何看待官二代、富二代问题，一位杂货店主认为社会上的批判都是片面的，不是全部的富二代都是败家儿，一家难明一家事。同时，他认为政府应该加大教育的力度，尤其是思想教育这方面。

社会不良风气也影响到很多人对政府和一些机构的信任感。一位厂长愤愤地说，自从郭美美事件之后，他发誓不再捐款。他接触的信息面较广，因而对社会不公很敏感。

提到道德素质问题的时候，大部分被采访者均表示社会风气不好，人民没安全感，道德沦丧。烟酒店老板坦言治安较差，前几天晚上在镇中心就发生了抢劫事件，这种事件发生的频率很高，让居民很没安全感。针对前段时间一个社会热点问题，我们向部分受访者提出：“假如一位老奶奶在路上倒下了，你会过去帮助她吗？”很多人表示会犹豫，要看情况而定。一位自行车修理档档主回忆说他前几天就碰到这种情况，但是没有路人敢上前搀扶。

4. 最关心的问题是物价和环保

采访过程中，很多受访者都主动地向我们提到了物价的问题。一位30多岁的家具店老板说，物价高，口袋里剩不了钱，最害怕材料涨价，每方涨几块都承受不了；30多岁的修理店店主认为，虽然生活比以前好多了，但物价的飞涨与不稳定对其影响极大，目前对生活态度是过一天算一天；某家私店老板说，物价上涨，盈利不稳定，前天进货是1 000，我们卖1 200，今天进货可能就是1 100，如果我们再卖1 200的话，除去那些搬运费、车费，就赚不了钱了，价格高于1 200的话，又没人买；一位私营企业工人说，以前工资是1 200，现在是1 500，钱是多了，但是现在物价涨了，买不到东西，以前钱是少了点，但能买到东西。

处于底层的摩的司机等受物价影响更严重。一位摩的司机说，以前一两千块钱还算比较多，现在一两千块钱根本买不了什么，生活压力很大。

出乎我们意料的是，环保成为大多数人关注的一个中心问题。这不是因为他们思想意识有多高，而是确实已经涉及他们的切身利益。但同时，在面对经济发展与环境保护时，他们自己也很矛盾。一位杂货店老板表示白土镇比起10年前生活水平提高了，但是环境污染严重了。10年前，山清水秀；如今，满地尘土，他希望政府能够重视环境，注重环保，环境污染了，也不算发展。同时他仍希望政府能够引进外资，发展经济。

问到一些私营企业主是否会在环保上多投资时，他们说会，然后说自己的企业不存在污染问题，都处理得很好。但是，一些村民却不这样认为。一位生产队队长说他们村有砖厂4个，陶瓷厂5个，污染很严重，一下雨低空就聚集很多粉尘，新的竹子完全长不出来，老竹子已经在慢慢死去。

在采访丝花厂老板时，说到现在私营企业发展最大的障碍是“用工荒”。主要原因有以下几点：一是现在内地工资也涨了，很多人不愿来珠三角打工；二是人口老龄化的问题，现在该厂基本上都是以前的老员工；三是现在的工人诉求很多，以前他们只要发点工资就好，现在则想要休息、娱乐，镇上娱乐少，也是留不住年轻人的一个原因。现在由于员工减少，很多订单也只好不做了。这可看出中国在国际市场上通过廉价劳动力竞争的优势正在减弱，单靠“人口红利”发展经济可能会面临非常严重的后果；但从另一个侧面也可看出新成长起来的打工族对个人权益更为关注，这是社会进步的一种表现。

5. 补充：农民表达途径的缺乏及宗族文化的两面性

在采访中，我们无意中遇到了一位生产队长，他曾经两次上访未果。上访的问题主要是陶瓷厂开发及污染。他说，村书记是村霸，卖地的钱纳入自己囊中。陶瓷厂占去了很多地，一亩地每年只给800元到1 000元的补偿。一些生产队完全没地了。到肇庆市和广东省土地管理处上访都没有结果，电视台和报社来采访也没有报道。得知我们是调研的大学生和老师时，他说，你们可能也帮不上我们。但还是抱了一线希望，让我们到村里去看看。后来因为种种原因没能去，他又打了电话来询问。可见，他们缺乏一种正常、通畅的表达途径。问及通过何种方式了解信息，他说，看凤凰卫视，因为能看到国内看不到的报道，也常上新浪微博，看网易新闻。现在农民接收信息的方式已经发生改变，他们的观念也随之变化，政府与他们的沟通方式也需要改变。

调研组于26日上午参观了白土镇雄才故居，了解了相关历史，并与村民进行了长谈。这是画家黎雄才的故里，保留了颇具特色的岭南建筑以及体现宗族文化特征的祠堂、酒堂。从粗略的调研中发现，宗族文化在维护传统道德和价值观念方面有其积极的一面。比如，宗族长辈出来募款比村委会出面更容易取得信任，参与度更高，宗族能够在处理一些社会矛盾时起到缓和的作用。

另一方面，宗族之间的矛盾又常成为村民间的主要矛盾。一位单车修理铺店主告诉我们，社会总体还是好的，大家族欺负小家族的问题却很严重。他自称文天祥的后人，家族在这边大致有70多人，被当地的陈姓家族欺负，不许他们在那个地方盖酒堂，只好在另外的地方盖。这些事情让他整夜都睡不着觉。对于农民来说，这是与他们最切身相关的事情，因为他们的尊严等就建立在这些事情上面。所以，宗族文化不仅对文化研究很有意义，也是构建和谐社会不可忽略的一点，这值得我们进一步思考。

这次调研总体还是成功的，但因时间较短，还不够细致深入。另外，在发放问卷过程中，我们还遭到了很多人的拒绝，归结起来原因如下：

（1）排外心理。部分个体工商户明显抗拒我们外来人。

（2）排斥政府心理。个别对政府不满，因而不支持我们的工作。

（3）自卑心理。部分个体工商户不识字或识字不多，认为自己没资格填这份问卷。

（4）消极心理。对社会失去信心，与社会脱离，认为做什么都不能解决实际问题。

（5）冷漠心理。个别乡镇人民的善良淳朴，泯灭在工业化的脚步中。

调研虽然结束了，我们的思考却刚刚开始。希望在以后的工作中，我们能够收获更多，能够对如何进一步践行社会主义核心价值体系，如何构建和谐美好的社会发挥实际的作用。

执 笔 人：罗凯欣 石 慧 熊家泷
庄英绚 叶焕娴 莫小丽
指导教师：倪海燕

双赢的智慧

——高要市南岸城镇化与教育均衡发展

城镇化是指农村人口不断向城镇转移，第二、三产业不断向城镇聚集，从而使城镇数量增加，城镇规模扩大的一种历史过程，它主要表现为随着一个国家或地区社会生产力的发展、科学技术的进步以及产业结构的调整，其农村人口居住地点向城镇迁移和农村劳动力从事职业向城镇第二、三产业转移。城镇化的过程也是各个国家在实现工业化、现代化过程中必然会经历的社会变迁。

城镇化作为一种历史过程，不仅是一个城镇数量与规模扩大的过程，同时也是一种城镇结构和功能转变的过程，后一过程包括4个方面：第一，农村人口和劳动力向城镇转移的过程；第二，第二、三产业向城镇聚集发展的过程；第三，地域性质和景观转化的过程；第四，包括城市文明、城市意识在内的城市生活方式的扩散和传播过程。概括起来表现为两个方面：一方面表现为城镇人口和城市数量的增加、城镇规模的扩大以及城镇经济社会、现代化和集约化程度的提高；另一方面则表现为人的地理位置的转移和职业的改变，以及由此引起的生产方式与生活方式的演变。城镇化作为一种社会历史现象，既是物质文明进步的体现，也是精神文明前进的动力。

近年来，我国在坚持大中小城市和小城镇协调发展的过程中，中国特色的城镇化道路取得了一定成就，但进展缓慢。我们的调研小组也在进一步了解南岸农村现实生活时发现：南岸农村人力资本逐渐匮乏、农村教育的不配套或者配套不够科学完善，成了城镇化发展的巨大障碍。因此，有必要对城镇化与教育的关系进行分析，从而更好地把握教育的发展方向，为加快城镇化进程创造有利条件。

图 26 在南岸街道办做问卷调查

我们先来了解一下南岸教育的基本情况。高要市南岸街道位于美丽的西江南岸，是高要市委市政府的所在地，是高要市的政治、经济、文化中心，地理位置优越，水陆交通便利。2003 年，马安镇并入南安街道，目前全街道总面积 70.5 平方公里，辖 10 个村委会和 6 个居委会，户籍人口 6.3 万，常住人口 7.34 万，经济和社会各项发展指标均居高要市各镇（街）首位。南岸街道是广东省“平安建设先进街道”、肇庆市的综合实力强镇，2009 年被授予“全国群众体育先进单位”。南岸教育发展历史悠久，早在明朝万历年间，意大利人利玛窦从澳门来到肇庆，在南岸上清湾村展开传教并教授自然科学，南岸是“贯通中西文化第一人”利玛窦踏足肇庆的第一站。深厚的文化积淀，孕育了南岸人民“崇文尚学，尊师重教”的人文精神。特别是近年来，南岸街道的教育事业得到了进一步的发展和壮大。目前，全街道共有初级中学两所，完全小学 5 所，教学点两个，成人文化技术学校 1 所，幼儿园 10 所。在校中小学生9 627人，其中初中学生 3 165 人，小学生 6 462 人，在园幼儿 2 737 人。全街道有中小学教职工 524 人，幼儿园职工 256 人，成人文化技术学校教职工 13 人。

城镇化与教育之间的关系，具体情况如下：首先，教育通过提高农民的科技文化素质来稳定城镇化基础。南岸街道党工委、办事处主动承担起发展教育事业的重任，不断加大投入，努力办好南岸每一所学校，竭尽全力让每一个孩子都能享受到公平优质的教育。街道领导班子经常深入学校，了解并帮助学校解决在发展过程中遇到的有关征地、资金筹集等问题。如在科德小学新征 20 亩土地扩建学校过程中，由于涉及较多农户，且所征土地都种有经济作物，为了顺利征用，街道党工委、办事处领导多次亲自上门做农户的思想工作，使土地征用工作顺利完成。街道还建立了领导班子联系学校的制度，全体班子成员每人挂钩联系一所学校，将责任落实到位。此外，街道办还协同公安、工商、文化、卫生、城管等部门，对学校周围环境和交通安全隐患进行整治，共同管理和维护了良好的育人环境，为稳定城镇化奠定了基础。

其次，教育加速农村劳动力向城镇转移，同时，城镇化的进程也促进教育进一步整合优化。南岸街道党工委、办事处以实现教育均衡发展为出发点，做好统一规划，实现科学统筹。一是根据人口、地理、经济等因素，着眼长远，科学制定中小学布局调整目标和总体规划，先后撤并了乌榕小学、书山小学等 11 所师资力量薄弱、条件差的学校。目前，全街道保留两所初级中学、5 所完全小学和两个教学点。二是坚持稳步推进，优质吸收的原则，对保留的中小学校舍进行维修、改造和扩建，高标准配置教育教学设施，努力创建优质学位，满足撤并中小学后学生的学习和生活需要。三是及时解决学生因路途远上学难的问题，如街道党工委、办事处主动与市公交公司协调，请他们增加公交车的班次接送学生上放学，确保学生交通安全。通过布局调整，优化了教育资源的配置，全街道各中小学综合办学实力大幅度增强。这样，教育加速了劳动力向城镇转移，城镇化促进了教育优化发展，达到了双赢的效果。

最后，城镇化还必将引起农民生活方式的急剧变迁，“农民”与“市民”、“乡下人”与“城里人”的界限将越来越模糊，农民的生活方式随着新的生产方式的出现而不断发生变化。也就是说，农民变市民，除居住地域、居住环境、工作条件等硬件方面的转变外，还有更为重要的一个方面，就是人们的价值观念、思维方式、生活方式等精神层面的转变。而精神层面的转变则往往是潜移默化、循序渐进的，所以教育特别是农村教育要很好地实践其为“三农”服务的宗旨，既要发挥其农业科技方面的作用，还要在提高农民的综合文化素质、在农村的精神文明建设中发挥更重要的作用。这既是城镇化对农村教育提出的客观要求，也是农村教育适应社会、适应市场经济、适应城镇化的必然选择。南岸街道致力于构建完善的教育体系，实现各类教育协调发展，除了大力发展学前教育、高标准高质量普及九年制义务教育外，更加快了成人教育发展，并以社区、村为依托广泛开展社区文化教育。据了解，2010 年，南岸成人文化技术学校投入 18 多万元用于添置教学设备，并成为肇庆市级示范性成人文化技术学校。南岸成人文化技术学校除在校本部办学以外，还充分利用各村居委会的教学点就近办学，特别是在合众纽扣厂创办了南岸街道企业职工培训基地，进行多形式、多层次、多门类的实用知识、劳动技能培训与科普宣传。同时还积极开展下岗工人再就业、农村劳动力转移、农民工技能培训工作，3 年共举办 354 期各种形式的培训班，培训学员 39 062 人次，培训面积达 35.5% 以上，为促进南岸街道经济全面发展作出了积极贡献。除此之外，南安街道党工委、办事处近年来更完善了老人活动中心、社区文化活动中心和村（居）文化楼的建设。各村均设置了文化活动室、农家书屋等，这不仅丰富了居民、村民的文化生活，更使他们的生活方式随着新的生产方式的出现而得以改进，迈向城镇化后的生活。

图 27　访谈基层公务员代表

笔者在南岸调研期间，经过一间学校，看到几个特别鲜明的嵌在墙上的字——教育均衡发展。调研期间我也请教过南岸当地一党委关于教育均衡发展的看法，他认为应从 3 方面去努力创造教育均衡发展的平台：一是硬件设施，包括校园教学楼、教学设备的建设与添置等；二是软实力的均衡发展，包括对校园文化的营造、老师的配置等要同等重视；三是人的教育意识，重视教育意识的均衡发展，提高家长乃至全社会的教育意识，可通过成人文化学校的开办、各村居委会的文化室开设、各种宣传橱窗的展览等方式来提高。同时他认为“撤并学校”

是教育均衡发展的过渡时期必须经历的，是教育均衡发展的需要，“撤并”才能实现资源共享。前面也提到南岸街道结合中小学布局调整和义务教育规范化学校建设，进一步整合优化义务教育资源配置，推进了义务教育的均衡发展，包括：（1）合理调整学校布局，整合优化教育资源；（2）建设义务教育规范化学校，不断增加优质学位，同时，不断构建完善教育体系，实现各类教育协调发展。协调发展各类教育包括：（1）大力发展学前教育；（2）高标准、高质量普及九年义务教育；（3）加快成人教育发展，为地方经济建设服务；（4）以社区、村为依托，广泛开展社区文化教育。其中的普及九年制义务教育，据了解，近3年来，南岸全街道共资助经济困难学生495人次，资助金额达20多万元，使适龄少年儿童不会因家庭经济困难而辍学。此外，对外来工子女无条件安排就近上学。近3年来，南安街道小学适龄儿童入学率保持在100%，初中阶段为99.2%，高中阶段为91%，高于广东省普及高中阶段教育的指标要求。

从2011年8月23日开始，一直到26号，为期4天的“幸福高要——高要市践行社会主义核心价值体系”的调研活动终于圆满地画上句号。在这期间，我了解到南岸街道党工委、办事处为申报广东省教育强镇，对照各项指标进行了认真的自查自评，教育综合发展水平也确实达到了省教育强镇的要求。作为一个学生，作为一个居住在外地的南岸人，我对南岸的教育状况很感兴趣，于是，我选择“教育”作为我此次调研手记的话题。以上就是我的调研手记，请各位批评指导。

执 笔 人：冼嘉裕

指导教师：赖翅萍

外来工社区化管理模式的应用

——以金一村外来工社区为例

如何对待外来工群体是社会的一根敏感的弦，弹得好可发天籁之音，弹得不好亦可能弦断琴毁。对于外来工而言，他们在城市中的栖身之地，关系着他们的生存现状及未来的发展。由于较低的收入水平、本身特有的流动性和暂住性，外来工与城市户籍人口相比，在住房条件及居住的社区环境等方面都有较大的差距。如果不能处理好外来工的居住问题，容易引起社会治安的不稳定。因此，关注外来工的居住问题具有十分重要的现实意义。

外来工的素质参差不齐，人员比较复杂，其管理已经成为当前社会管理中的难题之一。在外来工的管理上，各地都有新的尝试，就目前来说，社区化管理是一种比较可行的管理模式。

一、金一村外来工社区的概况

金一村位于高要市金利镇。高要市金利镇现有人口 15 万，其中一半以上是外来工及其家属。外来人口的管理一直是当地社会管理的重点。金一村是一个小五金工业村。近年来，随着小五金企业的不断发展，全村有外来人口将近 3 000 人。为做好对外来人口的服务和管理，金一村先后投入 100 万元在村中建立了一甲、二甲两个外来工社区。社区设立了治安执勤点，安装了闭路电视监控系统，附近还有农贸市场、卫生所。在社区居住的外来工主要来自湖南、广西、江西、四川等地，社区内部按地域自愿划分居住。在社区管理方面，村里成立了外来工团总支，下设广西同乡会支部和湖南同乡会支部，这不但提高了外来工的综合素质，还可集中反映民意。

二、金一村外来工社区管理模式的优点

1. 便于加强管理，稳定治安

许多外来工聚集居住、没有形成社区化管理的区域，比如一些“城中村”，存在着人口杂乱、居住环境差、基础设施不完善、卫生条件差等问题。相比之下，金一村外来工社区的居住环境、卫生条件都是比较好的。社区设立了治安执勤点，安装了闭路电视监控系统，还有保安24小时巡逻，保障了社区的安全。卫生方面有专门的清洁工收垃圾，避免了居住环境的脏、乱。据村委会的工作人员说，建立外来工社区10多年来，金一村从未出现恶性案件，每个村干部都挂岗，具体负责到每条巷子。一旦有邻里或家庭纠纷，村干部马上介入，进行调解。

2. 生活消费较低，且能为外来工提供更方便的服务

金一村外来工社区内的出租房都比较便宜，月租130元左右。一排排的瓦屋虽然不新，但对外来工来说，能以这么低廉的价格拥有一个稳定的居住环境，已经很不错了。周边的农贸市场商品价格也比较便宜，总的来说，生活消费较低。另外，以前外来工最烦的是办理居住证，前后至少要4天时间。现在，金一村村委会简化了办证程序：提前一周贴出告示，请外来工下班后到管理处办证；事先联系好有关部门，在此时间段帮助办证，3分钟就可完成整个流程；证件办好，电话通知本人来取，1分钟就可拿到新证。

3. 增强了外来工的归属感和认同感

外来工选择进入城市工作和生活，他们不仅是为了追求更多的经济利益和更优越的生活环境，同时也需要精神上的满足和心灵上的依托。社区把来自同一个地方，有着相近的家庭背景、受教育状况、外出动机和经历的人们联系在了一起，在很大程度上满足了外来工的渴望认同感、归属感的需求。金一村外来工社区内的外来工相处和谐，彼此都能互相照应。社区内的小孩都是东家西家串着玩，有些父母都要上班的，干脆把门锁了，把孩子托付给有人在家的邻里老乡帮忙照看着。

4. 有利于营造良好的经济发展环境

金一村是一个工业村，它的发展离不开外来工的建设。居住环境的好坏是能否留住外来工的一个重要因素。一个好的居住环境不仅能够留住“旧”的工人，还能吸引更多“新”的工人，同时也能吸引投资方的目光。近一两年来，珠三

角很多地区都出现了“民工荒”的现象，但金一村自建成外来工社区以来，从来不怕招不到外来工。村委会主任陆业汉说：“第一个外来工村建起后，好多外来工都来我们村居住，带动了第二、三产业的蓬勃发展，村集体经济收入提高了，我们村将部分收入再加上这些出租屋的全部租金，用来扩建我们的第二期外来工居住村。”

三、金一村外来工社区管理模式的不足

虽然外来工社区化管理的模式具有明显的优点，但它仍然存在一些不足。

1. 外来工缺乏建设社区的积极性

金一村外来工社区的管理者是村委会的人员，外来工并没有参与其中。这使得他们对建设社区缺乏积极性，哪怕他们有什么问题和建议，也会认为“说了也没用”。虽然下设了同乡会，但居住在此的外来工对此并不熟悉，他们很少通过同乡会这个渠道反映问题。

2. 外来工与本地居民缺乏交流，难以融入本地社会

居住在金一村外来工社区内的外来工与本地居民，除了工作上有些许交流之外，平时生活中基本上没有什么来往。他们不上班的时候大部分都待在社区内，很少会去村里的一些休闲场所。生活上或是经济上有困难时，也大多寻求老乡帮助。

由此可以看出，外来工进入金利以后，还没有较好地融入本地居民当中去。虽然他们与本地居民同处于一个共同的地理村，但他们之间仍然缺乏心灵的沟通、情感的交流，双方仍生活在各自的精神世界里，从而使外来工与本地居民形成一种共同地理空间中的精神隔离。外来工的价值取向使得他们更多地依附长辈和群体，社会交往倾向于同乡和从其他地区来的农村人，这一点使外来工自愿隔离于本地居民。

四、社区化管理的发展方向

目前，金一村村委会正在准备筹建几栋七八层高的“农民公寓”，将廉价出售，让本地居民和外来工都买得起，增加双方生活上的接触，使外来工能更大程度地融入本地。这个计划一旦通过了镇和市的规划，马上就会开始实行。

国外的社区建设也有值得我们借鉴的地方，如巴西的贫民窟改造。贫民窟是巴西快速城市化的产物，里面住的主要是外来工和城市低收入家庭。贫民窟里没

有完善的市政基础设施，也没有医院和学校，有组织犯罪集团把这里作为据点，从事贩毒、走私枪支等暴力犯罪活动，成为城市社会治安的巨大隐患。近年来，巴西联邦政府和地方政府开始对城市贫民窟进行改造，将贫民窟纳入城市规划，以将其改建为和谐的城市社区为目的，对贫民窟重新进行整体规划，对贫民窟的人口进行统一登记，为他们颁发合法居住证件，以便进行科学管理。巴西联邦政府还通过“加快发展计划”、成立城市发展部，主管贫民窟的改造。除此之外，政府还通过“家庭奖励金”、“人民药店”、“家庭农业”等各种扶贫计划，帮助城乡贫困群体增加收入，改善生活。

在巴西的贫民窟改造中，政府起到了至关重要的作用。正因为巴西政府这么大的关注力度与投资力度，贫民窟改造才能取得比较好的成效。在我国的外来工社区化管理的进程中，政府的作用也是必不可少的，当然还需要社会各界的共同努力。在此以金一村外来工社区管理为例，提出几点改进的意见：

1．成立“社区服务站”，让外来工参与社区管理

成立“社区服务站”，外来工可以反映生活中的问题，对社区管理有什么意见也都可以提。“社区服务站”的工作由本地居民和外来工共同承担，确保执行的力度。

2．通过社区的各种社会功能支持外来工融入社区

通过社区服务、社区保障以及其他社区公共服务，支持外来工较好地融入社区和当地社会中，建立和谐的社会关系。可以在村里组织一些活动，让本地居民与外来工一起参加，加强双方互动，拉近双方关系，争取培养内部良好的人际关系，力争给外来工被接纳的感觉，培养外来工对社区和当地社会的归属感。

3．政府采取措施，健全社会保障体系

政府应采取切实措施，健全社会保障体系，让外来工群体共享社会发展带来的成果。北京市北坞村是北京首家“城乡结合部综合配套改革试点”，其模式的特点在于社会保障方面的制度创新，其中包括“农民工满足规定的缴费年限，可以享受与城镇职工一样的社会保险待遇”。这是金利镇政府可以学习的一点。

4．借助社会团体的帮助

外来工社区是一个人力资本和社会资本明显处于弱势的边缘化社区。在完全依赖自身资源很难改善弱势困境的情况下，借助社区外部的社会团体支持，获得职业帮助、社会援助和心理支持是一条重要途径。社会团体主要是指工会、共青团、妇联等准政府组织，这些组织作为工人阶级、青少年、妇女的代表，其成员

本身就涵盖全体流动人口。因此，在外来工聚居区建立相应的工会、共青团、妇联的基层组织，承担组织、教育、服务、维权等功能，通过联系、凝聚与服务，不仅能使外来工群体接受专业技能培训、维护他们的正当权益，还能丰富他们的闲暇生活。

随着经济和时代的发展，解决外来工的居住问题和加强外来工的管理势在必行，而社区化管理可以把这两方面结合起来，更具有可行性。目前，我国的外来工社区化管理发展尚不成熟，还存在某些不足，有待我们进一步去完善。

执 笔 者：丘　丹

指导教师：张　惠

后 记

中国高等教育发展到今天，面临的问题越来越多，一方面，大学生就业压力巨大，面对市场的选择，大学生的知识结构和专业能力难以适应，经常处于无措状态；另一方面，社会上需要各种大量有实际应用能力和创新思维的人才，用人单位在人才市场上艰难寻觅，然而总是空手而归。近几年来学校主办人才招聘会时所遇到的这些尴尬，时时刺痛着每个高等教育者的心。如何改变这种现状，是广大教育工作者不得不思考的重要命题。

首先必须改变我们的课堂教学模式，无论有怎样的应用性教学理念和培养方案，如果课堂教学改革不能迈出实质性的步伐，一切都是空谈。然而课堂教学改革又是最为艰难的，所有的条件都不具备。几乎所有的教师都是从高等教育机构中培养引进的，他们的学习经历基本是学术型人才培养模式培养出来的，没有多少应用性的工作经验，很少有参与到市场的机会。即使是本专业的拥有博士学历的教师，他们本人也很难适应市场对应用型人才的需求。他们自己不是应用型人才，很难要求他们在课堂上讲授本专业的应用型人才所需要的各种能力。目前通用的各种大学教科书，主要以知识结构体系为主，基本知识与基本技能为最主要的内容，很少涉及实践性与可操作性，创新性更不是重点。学生在学习过程中主要以被动接受为主，很少有主动性的参与，即使是课堂中的互动，仍然以教师为主，按照既定内容来设计，教条气息浓厚。

如何寻找一条道路来改变这种现状，几年来一直萦绕在心，成为我挥之不去的心结。2011 年 2 月 10 日，农历辛卯年正月初八，正是国家公务员春节假后上班的第一天，高要市委党委、宣传部长吴志东先生带领一行人来到文学院，说他们很需要了解中国基层社会尤其是农民的信仰状况，想看看这几年政府推行的社会主义核心价值体系建设有多大的效果，从而创新社会管理，探索在中国县级区域内如何建构乡村精神文明建设的路径，问我们愿不愿意和他们合作做一次社会调查。我为他的务实勤政而感动，也为他对我们这所没有名气的地方高校的信任而敬佩，毅然答应了这件事。作为地方高校，我们有着不错的师资力量，经过几年的艰苦创业，在教学和科研上取得了一定的成绩，但在服务地方经济文化建设方面，由于缺少社会资源及和政府企业沟通不畅，仍然没有迈出坚实的步伐。更为重要的是，无论是教师还是学生，对于今天的社会现实，都有必要系统深入地了解，为将来的教学和学生走入社会做好准备，开展这样的社会调查有着深远的意义。从这个认识出发，我们开始了本次社会调查的合作工作。

第一步，双方合作成立课题组，开始对工作方案的策划和具体分工的确定。肇庆学院文学院独立负责整体调查方案的设计和调查报告撰写工作，高要市委宣传部负责调查过程中的具体组织工作和宣传工作，并建立了常态的协调联动体制。对于文学院来说，我们的专长是文化与文学研究，对于社会主义核心价值体系缺乏深入系统的研究，对于社会调查我们也缺少经验，因此，摆在课题组成员面前第一个问题就是必须系统深入地收集各种关于社会主义核心价值体系理论资料、学界的研究现状和已有的国内社会调查情况，认真研究；学习各级政府、党委关于社会主义核心价值体系和精神文明建设的相关文件；检索高要历史文化风俗习惯，然后精选出重要的内容，分门别类地制成调查工作内容手册。在这个过程中，课题组成员经历了繁难而艰苦的学习过程，对于社会主义核心价值体系内容和内在逻辑有了清晰的理解与认识。

第二步，检视此次调查的典型性和意义。高要地处肇庆市东南部，毗邻珠三角地区，是广东省最发达地区与西部山区交接的缓冲带，随着广东省产业大转移和广佛肇城市一体化的发展，高要市在承接珠三角产业转移中获得先机，近年来经济处于大发展时期。高要又是广东省重要的历史文化名地，这里文化底蕴深厚，民风淳朴，保留了很多物质和非物质文化遗产，值得发掘。因此，高要作为次发达地区在发展过程中所遇到的社会问题和价值观念的转型，对于中国经济正向中西部地区开拓的历史时期，它所面临的机遇和挑战具有一定的普遍意义。而且，通过此次调查，我们能够对高要地区的物质和非物质文化遗产进行一次比较系统的摸排，为今后的文化调查打下基础，对文学院的教学和科研工作意义深远。

第三步，确定调查的原则、方针、内容和方式。虽然此次调查是和高要市委宣传部合作，但我们希望获得的是第一手中国现代社会发展状况的现实材料，所以我们坚持整个调查过程中以民间的学术的立场来进行，政府只需负责简单的组织。调查依靠文学院师生独立完成，调查工作要求必须深入到社会中去，到现场去，采取一对一的问卷调查形式，获得真实有效的数据。调查原则是从高要社会各阶层总体分布中，按照各阶层分布的比例，随机抽取调查样本，力争覆盖全体人群。调查过程中，问卷调查和随机采访并行，做好采访实录工作，做到定量分析和定性分析并重。

第四步，设计问卷。由于社会主义核心价值体系是一种完整的系统性的理论表述，具有高度的概括性和理论话语特征，必须在调查中转化为平实的、浅显的、民生化的问题，以便在调查中能够被普通百姓所理解和接受，因此，设计问卷时必须准确理解社会主义核心价值体系的广泛的包容性、普适性和针对性，同时又不能离开调查的主题。在整个问卷设计中，我们多次组织课题组讨论、研究，走访有基层工作经验的人士，听取长期从事社会主义核心价值体系理论研究学者和专家的意见，经过不断完善，形成问卷。

第五步，调查队伍的培训。在调查队伍的选择上，我们打通了专业之间的限制，选拔具有良好语言表达能力、能够兼通普通话和粤语、有较高写作水平、具有较好应变能力的学生，成立了 70 人的调查队伍，组成 9 个调查组，每组由课题组一名教师担任指导；特邀学校思想政治部主任田杨群博士专题讲授社会主义核心价值体系主要内容和内在逻辑，政法学院韩月香教授讲授马克思主义价值理论与当代中国社会问题，高要市委宣传部李振杰副部长讲授高要市情和社会发展状况，张惠老师讲授社会调查的理论、方法、注意事项；整个调查人员用一个月时间集中系统地学习理论和方法。

第六步，问卷测试。7 月 22 日，课题组在高要市委宣传部的安排下，随机选择高要市回龙镇为测试对象，组织社会各阶层集中填写问卷，举行座谈会、随机采访，对调查问卷进行最后调整、修改和完善，制成社会主义新价值体系调查问卷，并组织各调查小组学习调查问卷内容，了解各问题设计的意图和调查中如何策划落实，以确保问卷的真实性、客观性和有效性。

第七步，调查的实施。8月22日，肇庆学院和高要市委在高要市委礼堂举行高要市践行社会主义核心价值体系调查启动仪式，9个调查组根据调查方案分赴高要市9个乡镇进行为期一周的实地调研工作，同时每个调查组根据安排进行一次社会主义核心价值体系宣讲活动。

此次调查的数据统计和调查报告的撰写工作，历时两个月，数易其稿，最终形成调查报告的定稿，及时提交高要市委，为高要市委2012年的宣传工作和精神文明建设工作提出了建设性的意见。

此次社会调查工作从策划到完成历时一年，全体课题组成员以无私的奉献精神投入到工作中，付出了艰辛的努力，一次又一次地策划，一次又一次地自我否定，不断地学习，不断地查阅有关资料，慢慢地清晰了总体思路，慢慢地一点一点修正着预想，最后的定稿在艰难中完成。虽然有不满意的地方，但我们仍然以最好的方式完成了此次调研任务。

本次调研收获颇多，坚定了我们面向市场进行教学改革的决心，明确了以社会调查为核心的实践实训体系建设。本次调研应高要市委宣传部的委托，从策划到实施，从问卷设计到报告的撰写，完全由本课题组组织实施，课题组打通了文学院各专业之间的壁垒，由社会学、政治学、文化学、新闻学和文学学科组合在一起，从不同的立场和学术背景开展讨论、对话，从开始的迷惘和混沌中，慢慢厘清主要思路，这是一次认真的自我学习的过程。教师从中学会了如何理论联系实际，在关注现实问题的同时进行理论总结和提升，最后得出中国农村社会价值状况的分析；学生在课题中系统地学习了社会主义核心价值体系理论，学会思考当代中国社会问题，密切了和教师之间的联系，在教师的精心指导下开展调研的一系列环节的学习，学会了调研策划、调查、数据分析和写作，提高了认识水平、发现问题和分析问题的能力、文化创意策划能力、口头表达能力和写作能力。这种教师之间的跨学科交流和师生之间内在联系的建立，突破了课堂教学的教条与体制化，效果明显。而更为关键的是，教师有了具体的关于社会问题的研究项目，通过带领学生操作共同的项目，能够直接在调研中接触现实，对中国现实问题有了更深刻的思考，这将丰富教师在课堂教学中的案例内容，使教学过程更有针对性，为培养应用型人才提供师资保证。

社会调查是现代各职业岗位都必须掌握的一项基本能力，它是各项决策的依据。加强以社会调查为核心的实践实训体系建设，有助于培养学生的综合能力，使专业教学不断延伸到应用领域，改变传统的以理论为主体的教学模式，发挥学习的主体性和能动性，达到学以致用的目的。在调查中，学生学会从实际出发，以事实为依据自主地思考问题，不盲信、不偏信，从而获得一种发现问题、分析问题、解决问题的独立的能力和品格。随着全媒体时代的到来，各种信息铺天盖地，充塞着各种传播媒介，社会的负面信息由于具有特定的新闻功能而以几何级数传布并无限地放大，严重影响了一个人对信息的判断和对社会的评价。在针对高要市的此次调查中，我们用社会主义核心价值体系作为指标，比较系统全面地进行了社会主义信仰和信念的调查研究，虽然发现在当今的社会信仰和价值需求中存在这样那样的问题，但由于近30年来经济的发展和社会的进步，以及高要特殊的人文传统和民俗文化，其主流是值得肯定的，传统的价值观念和现代人文精神仍然得到较好的坚持与弘扬，并没有被消解，高要市总体幸福指数高于全国平均水平。只有经过实地的调查研究，深入到生活中去，我们才会得出比较正确的结论。

此次调查除了形成一个主体调查报告，为高要市委“乡村文明行动”提供重要的参考数据和对策研究以外，我们还通过调查，对高要市物质和非物质文化遗产进行了基本的摸排，发现了一批值得进一步深入调查研究的对象，如河台镇的开耕节、调菩萨活动，金利镇的水上文化“赛龙舟”、“疍家遗址”，上清湾的天主教堂、石头和尚希迁传说等，为将来的文化遗产调研活动进行了必要的准备。

整个调查过程中，高要市委常委、宣传部长吴志东同志多次莅临并指导课题组，对高要近几年的社会经济发展和文化建设作了全面的介绍，对当今中国社会尤其是农村问题有着深刻的思考和充分的关注，他的务实精神和富有远见的思想深深感动着课题组成员，他多次参加课题组的讨论，对整个调查报告的形成起着关键性的作用。课题组中赖翅萍教授、张惠老师承担了整个问卷的设计、起草工作，花费了大量的心血，她们以忘我的精神和无私的奉献投入到课题的调查研究中，并起草了调查报告的初稿，为调查报告的完成起到了关键性的作用。整个课题组以高度的责任心和饱满的热情，在繁重的教学科研之余利用业余时间承担着调查各项工作。在调查中，课题组师生冒着酷暑，深入大街小巷、田间地头，为完成调查任务经历了各种生活的不便和精神的压力，为保证问卷的有效性和访谈的客观性殚精竭虑、不辞辛苦、尽职尽责。在此对他们的辛勤工作表示深深的敬意，同时深深地感谢高要市委、各乡镇领导对此次调查给予的有力支持，以及高要社会各阶层群众对调查的配合和理解。

课题组

2012 年 10 月